**SUMÁRIO**

Capítulo 1: Introdução aos Direitos à Saúde para Autistas e Doenças Raras 4

1.1 Visão geral dos direitos à saúde

4

1.2 Importância da conscientização sobre autismo e doenças raras 6

1.3 Necessidades específicas de autistas e portadores de doenças raras no sistema de saúde 8

Capítulo 2: Legislação e Modelos de Ações Judiciais 10

2.1 Principais leis relacionadas aos direitos à saúde 10

2.2 Modelos de ações judiciais para enfrentar desafios com planos de saúde 12

2.3 Estratégias eficazes para garantir os direitos à saúde 13

Capítulo 3: Cobertura de Tratamentos, Terapias e Serviços Essenciais 15

3.1 Direitos relacionados à cobertura de tratamentos médicos 15

3.2 Questões relacionadas à cobertura de terapias complementares e alternativas 17

Capítulo 4: Casos Reais, Jurisprudências Relevantes e Dicas Úteis 19

4.1 Estudos de casos reais envolvendo autistas e portadores de doenças raras 19

4.2 Jurisprudências relevantes para embasar ações judiciais 21

4.3 Dicas úteis para lidar com situações adversas no sistema de saúde 23

Capítulo 5: Navegando pelo Sistema de Saúde com Segurança e Conhecimento 25

5.1 Orientações práticas para lidar com burocracias e obstáculos no sistema de saúde 25

5.2 A importância da assistência jurídica especializada 27

Capítulo 6: Pleiteando Liminares quando Necessário 29

6.1 Entendendo o conceito e a aplicação das liminares em casos de urgência médica 29

Capítulo 7: Informações sobre as Leis Vigentes que Protegem os Direitos dos 31

Autistas e Portadores de Doenças Raras

7.1 Lei nº 8.080/90 - Lei Orgânica da Saúde

31

7.2 Lei nº 9.656/98 - Lei dos Planos de Saúde

33

7.3 Lei nº 12.527/11 - Lei de Acessibilidade

Capítulo 8: Insights Valiosos sobre como Agir em Situações Adversas 36

8.1 Como lidar com a negativa de cobertura por parte dos planos de saúde 36

8.2 Estratégias para superar obstáculos burocráticos 38

8.3 A importância da documentação e do registro de eventos 40

Capítulo 9: Promovendo a Igualdade no Acesso aos Cuidados Médicos Necessários 41

9.1 A importância da conscientização sobre autismo e doenças raras 41

9.2 O papel da sociedade civil na defesa dos direitos à saúde 43

9.3 Estratégias para promover a inclusão e a acessibilidade no sistema de saúde 45

Capítulo 10: Conclusão e Considerações Finais

47

10.1 Recapitulando os principais pontos do guia 47

10.2 A importância da defesa dos direitos à saúde 49

10.3 Perspectivas futuras para a defesa dos direitos à saúde 50

Capítulo 11: Anexos

51

11.1 Modelo de carta para solicitar revisão de decisões negativas 51

11.2 Modelo de petição para ação judicial

53

11.3 Lista de recursos disponíveis para auxiliar na defesa dos direitos à saúde 54

Capítulo 12: Glossário

56

12.1 Termos técnicos relacionados à saúde

56

12.2 Termos jurídicos relacionados à defesa dos direitos à saúde 58

Capítulo 13: Referências Bibliográficas

60

13.1 Livros e artigos relacionados à saúde e ao direito 60

13.2 Legislação e jurisprudência relacionadas à defesa dos direitos à saúde 60

Capítulo 14: Índice Remissivo

62

14.1 Índice de termos e conceitos importantes

Capítulo 15: Apêndice

64

15.1 Entrevistas com especialistas em saúde e direito 64

15.2 Casos de sucesso em que os direitos à saúde foram defendidos 66

Capítulo 16: Direitos à Saúde em Outros Países 68

16.1 Comparação entre as legislações de saúde em diferentes países 68

16.2 Estratégias para promover a defesa dos direitos à saúde em outros países 70

Capítulo 17: Novas Tendências e Desenvolvimentos em Saúde e Direito 71

17.1 Avanços tecnológicos em saúde e seu impacto nos direitos à saúde 71

17.2 Novas legislações e regulamentações em saúde e direito 73

Capítulo 18: Conclusão Final

74

18.1 Recapitulando os principais pontos do guia 74

18.2 A importância da defesa dos direitos à saúde para o futuro 76

1

**Introdução aos Direitos à Saúde**

**para Autistas E Doenças Raras**

**1.1 Visão geral dos direitos à saúde para autistas e doenças raras** A garantia dos direitos à saúde para indivíduos autistas e portadores de doenças raras é de extrema importância, pois essas condições exigem cuidados específicos e personalizados. Neste contexto, é fundamental compreender a visão geral desses direitos para garantir o acesso adequado aos serviços de saúde.

Em suma, a visão geral dos direitos à saúde para autistas e portadores de doenças raras vai além do acesso aos serviços médicos básicos. Envolve uma abordagem holística que considera as necessidades específicas desses grupos vulneráveis, garantindo-lhes dignidade, respeito e igualdade no sistema de saúde.

5

**Legislação vigente:** As leis que regem os direitos à saúde desses grupos populacionais devem ser conhecidas e respeitadas. É essencial estar ciente das normativas que asseguram o atendimento prioritário e especializado para autistas e pacientes com doenças raras.

**Acesso a tratamentos:** A visão geral dos direitos à saúde inclui o acesso equitativo a tratamentos eficazes e adequados às necessidades individuais de cada paciente. Isso envolve desde terapias comportamentais para autistas até medicamentos específicos para doenças raras.

**Atendimento multidisciplinar:** Os direitos à saúde abrangem a garantia de um atendimento multidisciplinar, envolvendo profissionais de diversas áreas, como psicólogos, terapeutas ocupacionais, fonoaudiólogos, entre outros. Essa abordagem integrada visa promover o bem-estar integral do paciente.

**Inclusão social:** Além do aspecto clínico, os direitos à saúde também englobam a promoção da inclusão social e da qualidade de vida desses indivíduos.

Isso significa criar políticas públicas que favoreçam a participação ativa na sociedade e combatam o estigma associado às condições de autismo e doenças raras.

**1.2 Importância da conscientização sobre autismo e doenças raras** A conscientização sobre autismo e doenças raras desempenha um papel fundamental na garantia dos direitos à saúde desses grupos vulneráveis. A falta de conhecimento e compreensão sobre essas condições pode resultar em estigmas, discriminação e dificuldades no acesso aos serviços de saúde adequados.

É essencial promover a conscientização não apenas entre os profissionais de saúde, mas também na sociedade em geral. A educação pública sobre o autismo e as doenças raras ajuda a reduzir o preconceito e a aumentar a empatia, criando um ambiente mais inclusivo e acolhedor para esses indivíduos.

**Desmistificação do autismo:** A conscientização permite desmistificar conceitos errôneos sobre o autismo, esclarecendo que se trata de uma condição neurobiológica complexa, não de uma escolha ou comportamento inadequado. Isso contribui para uma abordagem mais empática e respeitosa no atendimento aos autistas.

**Visibilidade das doenças raras:** A divulgação e sensibilização sobre as doenças raras são essenciais para aumentar a visibilidade dessas condições muitas vezes negligenciadas. Isso pode levar a avanços na pesquisa, diagnóstico precoce e desenvolvimento de tratamentos mais eficazes.

**Apoio às famílias:** A conscientização também beneficia as famílias de indivíduos autistas e portadores de doenças raras, fornecendo informações precisas, recursos e redes de apoio. Isso ajuda a reduzir o isolamento social e fortalecer os laços familiares diante dos desafios enfrentados.

Em suma, a conscientização sobre autismo e doenças raras é um pilar fundamental na promoção dos direitos à saúde desses grupos vulneráveis. Ao educar a sociedade, combater estigmas e fornecer suporte adequado, é possível garantir um sistema de saúde mais inclusivo, equitativo e compassivo para todos.

8

## 1.3 Necessidades específicas de autistas e portadores de doenças raras no sistema de saúde

As necessidades específicas dos autistas e portadores de doenças raras no sistema de saúde são muitas vezes negligenciadas, resultando em desafios significativos para esses grupos vulneráveis. A falta de compreensão sobre suas condições únicas pode levar a diagnósticos tardios, tratamentos inadequados e dificuldades no acesso aos serviços de saúde adequados.

**Acesso a profissionais especializados:** Autistas e portadores de doenças raras muitas vezes necessitam de cuidados especializados e individualizados. É

crucial garantir o acesso a profissionais capacitados e experientes nessas condições para garantir um atendimento adequado e eficaz.

**Diagnóstico precoce:** O diagnóstico precoce é fundamental para iniciar intervenções precoces e melhorar os resultados a longo prazo para autistas e pacientes com doenças raras. Os sistemas de saúde devem priorizar protocolos que permitam identificar essas condições o mais cedo possível.

**Adaptação dos serviços de saúde:** Os serviços de saúde precisam ser adaptados para atender às necessidades específicas desses grupos, incluindo ambientes acolhedores, comunicação acessível, suporte emocional e flexibilidade nos procedimentos médicos.

Além disso, é essencial promover a conscientização entre os profissionais de saúde sobre as particularidades do autismo e das doenças raras, capacitando-os para oferecer um atendimento mais empático, inclusivo e eficaz. A educação contínua sobre essas condições pode contribuir significativamente para melhorar a qualidade dos cuidados prestados a esses pacientes.

9

Em resumo, as necessidades específicas dos autistas e portadores de doenças raras no sistema de saúde exigem uma abordagem holística que leve em consideração suas particularidades, promova o acesso equitativo aos serviços adequados e capacite os profissionais para oferecer um atendimento sensível às suas necessidades únicas.

10

**2**

**Legislação e Modelos de Ações Judiciais**

## 2.1 Principais leis relacionadas aos direitos à saúde

A legislação que regula os direitos à saúde de indivíduos autistas e portadores de doenças raras desempenha um papel crucial na garantia de acesso a tratamentos adequados e personalizados. Conhecer as principais leis relacionadas a esses direitos é fundamental para assegurar a proteção e o atendimento prioritário a esses grupos vulneráveis.

**Estatuto da Pessoa com Deficiência:** O Estatuto da Pessoa com Deficiência, Lei nº 13.146/2015, estabelece diretrizes para a promoção dos direitos das pessoas com deficiência, incluindo autistas. Essa legislação garante o acesso a serviços de saúde especializados e o respeito à dignidade e autonomia desses indivíduos.

**Política Nacional de Atenção Integral às Pessoas com Doenças Raras:** A Portaria nº 199/2014 institui a Política Nacional de Atenção Integral às Pessoas com Doenças Raras, que visa garantir o acesso universal, igualitário e integral aos cuidados necessários para o diagnóstico, tratamento e acompanhamento dessas condições específicas.

**Lei dos Planos de Saúde:** A Lei nº 9.656/1998 estabelece normas sobre os planos e seguros privados de assistência à saúde, garantindo que autistas e pacientes com doenças raras tenham cobertura para tratamentos especializados, terapias comportamentais, medicamentos específicos e demais procedimentos necessários ao seu bem-estar.

11

**Estatuto da Criança e do Adolescente (ECA) - Lei 8.069/90:**
Pilar fundamental, o ECA estabelece a doutrina da proteção integral, reconhecendo crianças e adolescentes como sujeitos de direitos e garantindo medidas de proteção em diversas áreas.

• **Convenção Internacional sobre os Direitos das Pessoas com Deficiência - Lei 6.949/2000:** Promulga a Convenção da ONU, combatendo a discriminação e promovendo a inclusão social das pessoas com deficiência, assegurando seus direitos e liberdades fundamentais.

• **Lei 13.977/2017,** conhecida como Lei Romeu Mion, que instituiu a Carteira de Idendificação da Pessoa com Transtorno do espectro Autista (CIPTEA)

• **Lei 8.899/94,** Lei Orgânica da Assistência Social LOAS, que garante o Benefício da prestação continuada BPC no valor de um salário mínimo mensal a pessoa com deficiência cuja a rena familiar seja inferior a 1/4 do salário mínimo;

• **Lei estadual RJ 8.964/2020,** prioriza o atendimento de urgência e emergência aos autistas em estabelecimentos públicos e privados;

• **Lei Estadual RJ 8.348/2019** que garante o acesso de profissionais da área da saúde que fazem parte dp tratamento do aluno com deficiência em dependência publica e privada;

• **Lei 2956/1992,** implantação de salas de aula especiais para pessoa com deficiência;

• **Lei 9.956/2023,** autoriza o governo estadual RJ implantar ABA nas escolas da rede pública;

• **Lei 9.600/2022,** estabelece penalidades administrativas a pessoas físicas ou jurídicas e agentes públicos que descriminarem as pessoa com TEA;

• **Dentre outras leis;**

## 2.2 Modelos de ações judiciais para enfrentar desafios com planos de saúde

Quando os direitos à saúde de indivíduos autistas e portadores de doenças raras são violados pelos planos de saúde, é fundamental recorrer a modelos de ações judiciais específicas para garantir o acesso aos tratamentos necessários. Essas ações podem ser fundamentadas em diferentes aspectos legais e jurisprudenciais, visando assegurar que os pacientes recebam o atendimento adequado e personalizado que necessitam.

**Ação de Obrigação de Fazer**: Nesse tipo de ação judicial, busca-se compelir o plano de saúde a fornecer o tratamento ou serviço negado indevidamente.

A decisão judicial pode determinar que o plano cubra terapias comportamentais, medicamentos específicos ou procedimentos médicos essenciais para o bem-estar do paciente.

**Ação Indenizatória por Danos Morais:** Caso haja recusa injustificada por parte do plano de saúde em cobrir um tratamento necessário, é possível ingressar com uma ação indenizatória por danos morais. Essa medida visa compensar o sofrimento emocional causado pela negativa do plano e garantir uma reparação justa ao paciente.

**Ação Revisional de Contrato:** Em situações em que as cláusulas contratuais do plano de saúde são interpretadas de forma restritiva ou prejudicial ao paciente, uma ação revisional pode ser proposta para revisar tais condições. Isso permite adequar o contrato às necessidades reais do beneficiário, garantindo uma cobertura mais abrangente e eficaz.

13

Além desses modelos comuns, outras formas de ações judiciais podem ser adotadas dependendo do caso específico e das circunstâncias envolvidas. É essencial contar com o apoio jurídico especializado para orientar sobre as melhores estratégias legais a serem empregadas na defesa dos direitos à saúde dos autistas e portadores de doenças raras frente aos desafios impostos pelos planos de saúde.

**Modelo Básico de Ação Judicial para Obrigar Plano de Saúde a Cobertura de Tratamento para Autismo com Pedido de Liminar**

**EXMO SR DR JUIZ DA VARA CIVIL DA COMARCA DA...DO**

**ESTADO DE ....**

**I. IDENTIFICAÇÃO DAS PARTES**

**A) AUTORA:**

Nome completo:Qualificação: (informar idade, estado civil, profissão, etc.CPF:RG:Endereço:Telefone:E-mail: **B) RÉU:** Nome da empresa do plano de saúde:CNPJ:Endereço:Telefone: **II. DOS FATOS**

A autora é menor de idade, portadora de Transtorno do Espectro Autista (TEA), conforme laudo médico anexo (**Anexo I**)

O TEA é um distúrbio neurobiológico que afeta a comunicação e o comportamento social. As pessoas com TEA podem apresentar dificuldades em diversas áreas, como:

**Interação social:** dificuldade em iniciar ou manter conversas, dificuldade em entender as emoções dos outros, falta de interesse em interações sociais.

**Comunicação:** dificuldade em se comunicar verbalmente e não verbalmente, fala repetitiva, uso limitado de linguagem.

14

**Comportamento:** comportamentos repetitivos e estereotipados, interesses restritos, dificuldade em mudanças de rotina.

O tratamento para o TEA é essencial para melhorar a qualidade de vida das pessoas com o distúrbio. O tratamento pode incluir:
**Terapia comportamental:** ajuda as pessoas com TEA a desenvolverem habilidades sociais e de comunicação.

**Terapia ocupacional:** ajuda as pessoas com TEA a desenvolverem habilidades de vida diária, como se vestir, comer e se cuidar.

**Fonoaudiologia:** ajuda as pessoas com TEA a desenvolverem habilidades de linguagem e fala.

A autora necessita de acompanhamento multidisciplinar para o tratamento do seu TEA, conforme prescrição médica anexa (**Anexo II**). A autora solicitou ao plano de saúde a cobertura do tratamento prescrito, mas a empresa negou o pedido, sob a alegação de que o tratamento não está previsto no contrato do plano (**Anexo III**).

## III. DO DIREITO

A Lei 8.069/90 (Estatuto da Criança e do Adolescente) garante o direito à saúde de todas as crianças e adolescentes. A Lei 6.949/2000 (Convenção Internacional sobre os Direitos das Pessoas com Deficiência) garante o direito das pessoas com deficiência à saúde e à reabilitação. A Lei 13.146/2015 (Lei Brasileira de Inclusão da Pessoa com Deficiência) garante o direito das pessoas com deficiência à saúde e à educação. A Agência Nacional de Saúde Suplementar (ANS) determina que os planos de saúde devem cobrir o tratamento para o TEA, conforme Resolução Normativa nº 429/2010. O Código de Defesa do Consumidor garante o direito do consumidor à informação adequada e à prestação de serviços de qualidade.

## IV. DO PEDIDO

Diante do exposto, a autora requer:

a)

**A concessão de liminar** para que o plano de saúde seja obrigado a fornecer o tratamento multidisciplinar prescrito, sob pena de multa diária de R$ 5.000,00

(cinco mil reais).

**b)**

**A citação da ré** para que apresente resposta no prazo legal.

**c)**

**A produção de todas as provas em direito admitidas,** inclusive depoimento pessoal da autora, prova documental e pericial médica.

15

**d)**

**A procedência da ação,** para que seja confirmada a liminar e o plano de saúde seja condenado a fornecer o tratamento multidisciplinar prescrito, bem como a pagar indenização por danos materiais e morais.

**e)**

**A condenação da ré ao pagamento das custas processuais e dos honorários advocatícios.V. DO VALOR DA CAUSA** Dá-se à causa o valor de R$ 50.000,00 (cinquenta mil reais).

**Nestes termos,** Pede deferimento.

**Local e data. Advogado(a) OAB/UF**

**2.3 Estratégias eficazes para garantir os direitos à saúde**
Garantir os direitos à saúde de indivíduos autistas e portadores de doenças raras requer a adoção de estratégias eficazes que possam assegurar o acesso aos tratamentos necessários. Além dos modelos de ações judiciais mencionados anteriormente, outras abordagens podem ser empregadas para fortalecer a defesa dos pacientes diante dos desafios impostos pelos planos de saúde.

**Advocacia em Saúde**: Contar com profissionais especializados em advocacia em saúde pode ser fundamental para orientar os pacientes e suas famílias sobre seus direitos legais e as melhores formas de garantir o acesso aos tratamentos adequados. Esses advogados têm expertise na legislação específica relacionada à saúde e podem oferecer suporte jurídico personalizado.

**Mobilização Social:** A mobilização da sociedade civil, por meio de campanhas, petições públicas e manifestações, pode ser uma estratégia poderosa para pressionar os planos de saúde a cumprirem com suas obrigações legais. O

engajamento da comunidade pode sensibilizar autoridades e empresas do setor privado a priorizarem o atendimento às necessidades dos pacientes.

16

**Educação em Direitos:** Promover a educação em direitos junto aos pacientes e familiares é essencial para capacitá-los a reivindicar seus direitos à saúde de forma informada e assertiva. Oficinas, palestras e materiais educativos podem contribuir para empoderar os indivíduos a exigirem um tratamento digno e adequado.

Além disso, é importante ressaltar que a busca por soluções extrajudiciais, como mediação ou conciliação com o plano de saúde, também pode ser uma alternativa viável para resolver conflitos de forma mais rápida e menos onerosa. A combinação dessas diferentes estratégias pode fortalecer a defesa dos direitos à saúde dos autistas e portadores de doenças raras, ampliando as possibilidades de acesso aos cuidados necessários.

17

**3**

**Cobertura de Tratamentos, Terapias**

e Serviços Essenciais

**3.1 Direitos relacionados à cobertura de tratamentos médicos**
A garantia dos direitos à saúde de indivíduos autistas e portadores de doenças raras está intrinsecamente ligada à cobertura de tratamentos médicos adequados e essenciais. A legislação brasileira estabelece diretrizes específicas para assegurar que esses grupos vulneráveis tenham acesso a terapias, medicamentos e serviços especializados necessários para o seu bem-estar.

Além dessas leis específicas, outras normativas como o Código de Ética Médica, o Sistema Único de Saúde (SUS) e convenções internacionais ratificadas pelo Brasil também contribuem para a proteção dos direitos à saúde desses grupos vulneráveis. É

crucial conhecer esses dispositivos legais para garantir que os indivíduos autistas e portadores de doenças raras recebam os tratamentos necessários para uma vida saudável e digna.

A Lei nº 9.656/1998 é um marco importante na regulação dos planos de saúde no Brasil, garantindo cobertura para tratamentos especializados de autistas e pacientes com doenças raras. Você sabia que essa legislação assegura terapias comportamentais, medicamentos específicos e outros procedimentos essenciais para o cuidado integral dessas pessoas?

E o Estatuto da Pessoa com Deficiência (Lei nº 13.146/2015) traz diretrizes essenciais para promover os direitos das pessoas com deficiência, incluindo autistas. Essa legislação garante acesso a serviços de saúde especializados e respeita 18 a dignidade e autonomia desses indivíduos durante os tratamentos médicos. Você conhecia essas leis que visam garantir um cuidado adequado e respeitoso para todos?

Já a Política Nacional de Atenção Integral às Pessoas com Doenças Raras, estabelecida pela Portaria n° 199/2014, busca assegurar o acesso universal e igualitário aos cuidados necessários para diagnóstico, tratamento e acompanhamento dessas condições específicas. Isso destaca a importância da cobertura abrangente desses tratamentos pelos sistemas de saúde.

## 3.2 Questões relacionadas à cobertura de terapias complementares e alternativas

A inclusão de terapias complementares e alternativas no rol de cobertura dos planos de saúde é um tema relevante para garantir o acesso a tratamentos diversos e abrangentes. Essas práticas, muitas vezes baseadas em abordagens holísticas e integrativas, podem oferecer benefícios significativos para a saúde e o bem-estar dos pacientes, complementando os cuidados convencionais.

**Regulamentação:** A questão da regulamentação das terapias complementares e alternativas é fundamental para assegurar a qualidade e segurança desses tratamentos. É importante que haja critérios claros estabelecidos pelos órgãos competentes para garantir a eficácia e a integridade dessas práticas, protegendo os pacientes de possíveis riscos ou fraudes.

**Evidências científicas:** Outro aspecto relevante é a necessidade de evidências científicas que sustentem a eficácia das terapias complementares e alternativas. Estudos clínicos bem conduzidos são essenciais para validar essas práticas e subsidiar sua inclusão nas políticas de saúde, proporcionando segurança tanto para os pacientes quanto para os profissionais de saúde.

**Acesso equitativo:** Garantir o acesso equitativo às terapias complementares e alternativas é essencial para promover a igualdade no cuidado com a saúde. É importante que esses tratamentos estejam disponíveis não apenas para aqueles que podem pagar por eles, mas também para todos os indivíduos que possam se

beneficiar

dessas abordagens,

independentemente

de

sua

condição

socioeconômica.

Portanto, ao discutir questões relacionadas à cobertura de terapias complementares e alternativas, é crucial considerar não apenas a diversidade de práticas disponíveis, mas também aspectos como regulamentação, evidências científicas e acesso equitativo. Ao integrar esses elementos na política de saúde, é possível ampliar as opções terapêuticas disponíveis aos pacientes, promovendo uma abordagem mais abrangente e centrada no indivíduo.

20

**4**

**Casos Reais, Jurisprudências Relevantes e**

**Dicas Úteis**

**4.1 Estudos de casos reais envolvendo autistas e portadores de doenças raras**

A análise de estudos de casos reais envolvendo autistas e portadores de doenças raras é fundamental para compreender as complexidades e desafios enfrentados por esses grupos vulneráveis. Através desses relatos, é possível identificar padrões, necessidades específicas e possíveis soluções para melhorar a qualidade de vida e o acesso a tratamentos adequados.

Um estudo de caso envolvendo um autista pode destacar a importância da intervenção precoce, terapias comportamentais personalizadas e suporte familiar na promoção do desenvolvimento cognitivo e social da criança. Essa abordagem individualizada pode demonstrar resultados significativos na melhoria das habilidades comunicativas, interativas e adaptativas do indivíduo.

Da mesma forma, um estudo de caso com um paciente portador de uma doença rara pode evidenciar os desafios enfrentados no diagnóstico precoce, acesso a tratamentos especializados e acompanhamento multidisciplinar. Através dessas narrativas, é possível sensibilizar profissionais de saúde, gestores públicos e a sociedade em geral sobre a importância da atenção integral a esses pacientes.

Além disso, ao analisar casos reais, é possível identificar lacunas na legislação vigente, falhas nos sistemas de saúde e barreiras no acesso aos serviços necessários. Essas informações são cruciais para orientar políticas públicas mais eficazes, campanhas de 21

conscientização mais direcionadas e iniciativas que visem garantir os direitos fundamentais desses grupos vulneráveis.

Portanto, a análise detalhada de estudos de casos reais envolvendo autistas e portadores de doenças raras oferece insights valiosos para melhorar a qualidade dos cuidados prestados, promover a inclusão social e garantir o respeito à dignidade desses indivíduos no contexto da saúde pública.

**4.2 Jurisprudências relevantes para embasar ações judiciais** A jurisprudência é de extrema importância para embasar ações judiciais relacionadas a autistas e portadores de doenças raras, pois consiste no conjunto de decisões dos tribunais que interpretam e aplicam o direito em casos concretos. Ao analisar jurisprudências relevantes nesse contexto, é possível identificar padrões de entendimento dos magistrados, fundamentos jurídicos utilizados e precedentes que podem orientar novas demandas.

Um exemplo de jurisprudência relevante pode ser um caso em que um autista teve seu direito à educação inclusiva negado por uma instituição de ensino. A decisão judicial favorável nesse caso pode servir como base para outras famílias que enfrentam situações semelhantes, demonstrando a importância da garantia do acesso à educação para crianças com necessidades especiais.

Da mesma forma, uma jurisprudência envolvendo um paciente com uma doença rara que teve seu tratamento negado pelo sistema público de saúde pode evidenciar a necessidade de garantir o acesso equitativo a medicamentos e procedimentos médicos indispensáveis para sua qualidade de vida. Essa decisão judicial pode influenciar políticas públicas e diretrizes na área da saúde.

A análise cuidadosa dessas jurisprudências permite aos advogados e defensores dos direitos desses grupos vulneráveis embasarem suas argumentações com fundamentos sólidos, respaldados pela interpretação do Poder Judiciário. Além disso, contribui para o fortalecimento da proteção legal desses indivíduos, promovendo a igualdade de direitos e oportunidades no âmbito jurídico.

Portanto, ao utilizar jurisprudências relevantes como referência em ações judiciais envolvendo autistas e portadores de doenças raras, os profissionais do direito podem ampliar suas estratégias jurídicas, defender os interesses desses grupos vulneráveis com maior embasamento legal e contribuir para avanços significativos na garantia dos seus direitos fundamentais.

## A Importância da Jurisprudência na Defesa dos Direitos de Autistas e Portadores de Doenças Raras

A jurisprudência, conjunto de decisões judiciais sobre temas específicos, é uma ferramenta fundamental para profissionais do direito que atuam na defesa dos direitos de autistas e portadores de doenças raras. Ao utilizar jurisprudências relevantes como referência em ações judiciais, os advogados podem: 23

**1.**

**Ampliar as Estratégias Jurídicas:**

**Identificar Precedentes Favoráveis:** A jurisprudência oferece exemplos concretos de como os tribunais têm decidido casos semelhantes, permitindo aos advogados identificar argumentos e estratégias jurídicas que aumentam as chances de sucesso na ação.

**Aprofundar o Conhecimento Jurídico:** A análise de decisões judiciais sobre temas relacionados ao autismo e doenças raras permite aos advogados se manterem atualizados sobre as últimas tendências jurisprudenciais e aprimorar seu conhecimento jurídico específico.

**Encontrar Soluções Inovadoras:** A jurisprudência pode servir como inspiração para o desenvolvimento de novas estratégias jurídicas, especialmente em casos complexos ou com pouca jurisprudência existente.

2.

**Defender os Interesses com Maior Embasamento Legal: Fortalecer os Argumentos:** A citação de decisões judiciais relevantes em petições e memoriais reforça os argumentos dos advogados e demonstra aos juízes que suas posições estão amparadas pela lei e pela jurisprudência.

**Aumentar a Credibilidade da Ação:** A utilização de jurisprudência de forma estratégica demonstra aos juízes que o advogado está bem preparado e que a ação judicial tem fundamento legal sólido.

**4.3 Dicas úteis para lidar com situações adversas no sistema de saúde** Em um cenário complexo como o sistema de saúde, é fundamental estar preparado para lidar com situações adversas que possam surgir ao buscar tratamento ou assistência médica. Abaixo estão algumas dicas úteis para enfrentar essas circunstâncias de forma mais eficaz:

**Conheça seus direitos:** Antes de qualquer coisa, é essencial compreender quais são os seus direitos enquanto paciente. Esteja ciente das leis e regulamentos que 24 regem o sistema de saúde, especialmente aqueles relacionados a acesso a tratamentos, medicamentos e atendimento digno.

**Mantenha registros:** Sempre que possível, mantenha um registro detalhado de consultas médicas, exames realizados, prescrições e tratamentos recebidos. Essa documentação pode ser crucial em casos de disputas ou necessidade de comprovação posterior.

**Pesquise e questione:** Não hesite em pesquisar sobre sua condição médica, opções de tratamento e procedimentos recomendados. Faça perguntas aos profissionais de saúde e busque segundas opiniões se necessário. Estar informado é fundamental para tomar decisões conscientes sobre sua saúde.

**Busque apoio:** Em momentos difíceis no sistema de saúde, contar com o apoio emocional de familiares, amigos ou grupos de suporte pode fazer toda a diferença. Compartilhar suas preocupações e experiências pode aliviar o peso da situação.

**Não tenha medo de buscar ajuda legal:** Se sentir que seus direitos estão sendo violados ou que está enfrentando injustiças no sistema de saúde, não hesite em procurar orientação jurídica especializada. Advogados podem ajudá-lo a entender suas opções legais e defender seus interesses.

**Conclusão:**

A jurisprudência é uma ferramenta essencial para profissionais do direito que atuam na defesa dos direitos de autistas e portadores de doenças raras. Ao utilizar jurisprudências relevantes como referência em ações judiciais, os advogados podem ampliar suas estratégias jurídicas, defender os interesses desses grupos vulneráveis com maior embasamento legal e contribuir para avanços significativos na garantia dos seus direitos fundamentais.

25

**Lembre-se:**

-

É importante consultar um advogado especializado em direitos de pessoas com deficiência para avaliar cada caso concreto e definir a melhor estratégia jurídica.

- 

A jurisprudência é apenas um dos elementos que devem ser considerados na análise de um caso judicial. Outros fatores, como a legislação em vigor e as provas disponíveis, também são importantes.

**Espero que esta informação seja útil!**

Ao seguir essas dicas úteis para lidar com situações adversas no sistema de saúde, você estará mais preparado para enfrentar desafios e garantir que seus direitos como paciente sejam respeitados. Lembre-se sempre da importância do autocuidado e da defesa ativa da sua própria saúde.

26

# 5

**Navegando pelo Sistema de Saúde com Segurança e Conhecimento**

**5.1 Orientações práticas para lidar com burocracias e obstáculos no sistema de saúde**

Ao navegar pelo complexo sistema de saúde, é comum encontrar burocracias e obstáculos que podem dificultar o acesso a tratamentos adequados e serviços essenciais.

Para lidar com essas situações adversas, é fundamental estar preparado e conhecer estratégias eficazes. Abaixo estão algumas orientações práticas para enfrentar esses desafios:

Ao seguir essas orientações práticas para lidar com burocracias e obstáculos no sistema de saúde, você estará mais preparado para enfrentar desafios, garantir que seus direitos sejam respeitados e obter o cuidado adequado para sua condição médica. Lembre-se da importância do autocuidado, da informação assertiva e da busca por apoio sempre que necessário.

27

**Conheça seus direitos:** Antes de iniciar qualquer processo no sistema de saúde, familiarize-se com seus direitos como paciente. Esteja ciente das leis e regulamentos que regem o acesso a tratamentos, exames e atendimento médico.

**Mantenha registros detalhados:** Manter um registro preciso de consultas médicas, exames realizados, prescrições e tratamentos recebidos pode ser crucial ao enfrentar disputas ou necessidade de comprovação posterior. Essa documentação pode respaldar suas demandas e garantir uma melhor defesa dos seus interesses.

**Pesquise e questione:** Não hesite em buscar informações sobre sua condição médica, opções de tratamento disponíveis e procedimentos recomendados.

Faça perguntas aos profissionais de saúde, busque segundas opiniões se necessário e esteja envolvido ativamente nas decisões relacionadas à sua saúde.

**Busque apoio emocional:** Em momentos desafiadores no sistema de saúde, contar com o apoio emocional de familiares, amigos ou grupos de suporte pode fornecer conforto e orientação. Compartilhar suas preocupações pode aliviar o peso da situação e ajudá-lo a lidar melhor com os obstáculos encontrados.

**Não hesite em buscar ajuda legal:** Se sentir que seus direitos estão sendo violados ou se encontrar barreiras injustas no sistema de saúde, não hesite em procurar orientação jurídica especializada. Advogados podem auxiliá-lo na compreensão das opções legais disponíveis e na defesa efetiva dos seus direitos como paciente.

**5.2 A importância da assistência jurídica especializada** Ao lidar com questões legais no sistema de saúde, a importância da assistência jurídica especializada não pode ser subestimada. Advogados especializados nesse campo possuem o conhecimento e experiência necessários para orientar os pacientes em situações complexas, garantindo que seus direitos sejam protegidos e respeitados.

Um dos principais benefícios da assistência jurídica especializada é a capacidade de interpretar leis e regulamentos específicos relacionados à saúde. Muitas vezes, os pacientes podem não estar cientes de seus direitos legais ou das opções disponíveis para resolver disputas ou desafios no sistema de saúde. Nesses casos, um advogado especializado pode fornecer orientação personalizada, explicando as melhores estratégias legais para alcançar uma resolução favorável.

Além disso, a assistência jurídica especializada pode ser crucial ao lidar com questões como negação de cobertura por parte de seguradoras, negligência médica, acesso limitado a tratamentos essenciais ou discriminação no atendimento. Os advogados podem representar os interesses dos pacientes em processos judiciais, negociações com seguradoras ou órgãos reguladores, buscando garantir que recebam o cuidado adequado e justiça diante de violações de direitos.

Outro aspecto fundamental da assistência jurídica especializada é a capacidade de aliviar o estresse e ansiedade associados a disputas legais no contexto da saúde. Ao contar com o suporte de um advogado experiente, os pacientes podem sentir-se mais confiantes e empoderados para enfrentar desafios legais complexos, focando em sua recuperação e bemestar.

Em resumo, a assistência jurídica especializada desempenha um papel essencial na proteção dos direitos dos pacientes e na garantia do acesso equitativo aos serviços de saúde. Ao buscar orientação legal qualificada e dedicada, os indivíduos podem navegar pelo sistema de saúde com segurança e conhecimento, assegurando que recebam o tratamento adequado e justo para suas necessidades médicas.

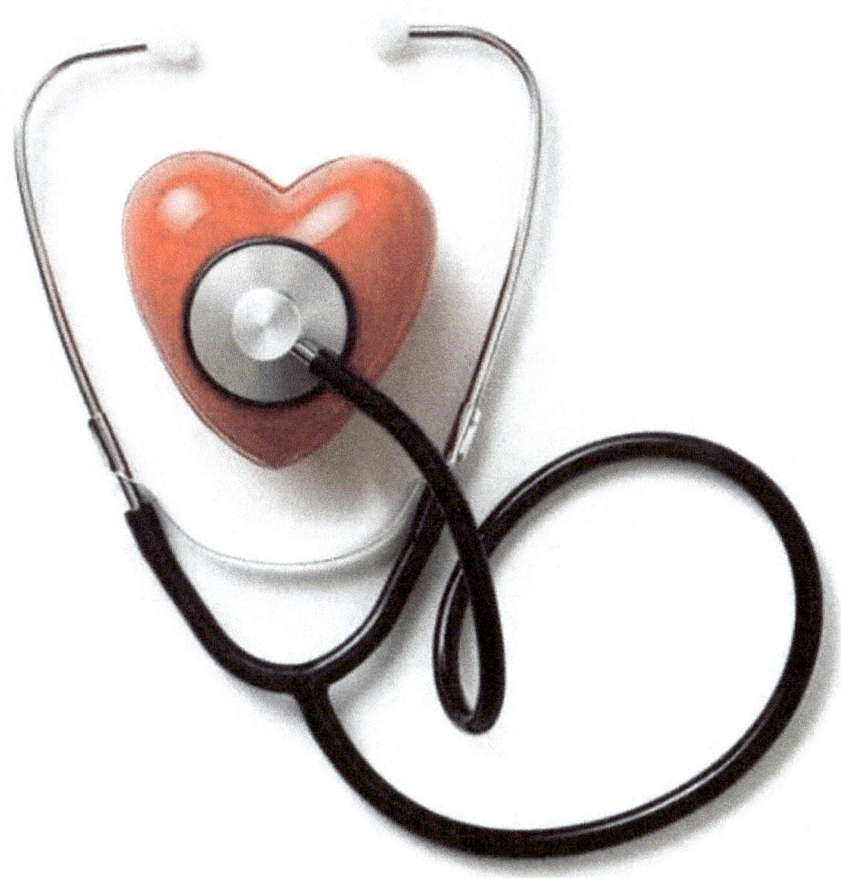

**6**

**Pleiteando Liminares quando Necessário**

**6.1 Entendendo o conceito e a aplicação das liminares em casos de urgência médica**

Quando se trata de situações de urgência médica, a obtenção de uma liminar pode ser crucial para garantir o acesso rápido e adequado aos tratamentos necessários. As liminares são decisões judiciais provisórias que visam assegurar direitos fundamentais em casos urgentes, como a necessidade imediata de um procedimento médico ou medicamento específico.

30

Para solicitar uma liminar em casos de urgência médica, é essencial compreender o conceito e os requisitos necessários para sua aplicação. Geralmente, a parte interessada deve demonstrar a urgência da situação, evidenciando que a demora na obtenção do tratamento pode resultar em danos irreparáveis à saúde ou até mesmo colocar a vida do paciente em risco.

Além disso, é fundamental apresentar evidências claras e documentadas que justifiquem a necessidade da liminar, como relatórios médicos detalhados, prescrições específicas e pareceres profissionais que respaldem a urgência do caso. A consistência e veracidade das informações fornecidas são essenciais para embasar o pedido judicial e obter uma decisão favorável.

Ao entender profundamente o conceito e a aplicação das liminares em situações de urgência médica, os pacientes e seus familiares podem agir com assertividade diante de cenários críticos, garantindo o acesso rápido e eficaz aos cuidados necessários para preservar a saúde e o bem-estar dos envolvidos.

É importante ressaltar que as liminares em casos de urgência médica devem ser utilizadas com responsabilidade e ética, buscando sempre o bem-estar e a saúde do paciente como prioridade máxima. O apoio de profissionais jurídicos especializados nesse tipo de demanda pode ser fundamental para orientar adequadamente sobre os procedimentos legais envolvidos e aumentar as chances de sucesso na obtenção da liminar.

# 7

**Informações sobre as Leis Vigentes que**

**Protegem os Direitos dos Autistas e Portadores de Doenças Raras**

**7.1 Lei nº 8.080/90 - Lei Orgânica da Saúde** A Lei nº 8.080/90, conhecida como Lei Orgânica da Saúde, é um marco legislativo fundamental para a garantia dos direitos à saúde no Brasil. Esta lei estabelece as diretrizes e bases do sistema de saúde, definindo as responsabilidades das esferas governamentais e regulamentando o acesso universal e igualitário aos serviços de saúde.

No contexto dos autistas e portadores de doenças raras, a Lei Orgânica da Saúde desempenha um papel crucial na proteção e promoção dos seus direitos. Ela assegura o acesso a tratamentos especializados, terapias adequadas e medicamentos específicos necessários para o cuidado desses grupos vulneráveis.

Além disso, a Lei nº 8.080/90 estabelece princípios fundamentais que orientam a atenção à saúde das pessoas com necessidades especiais, incluindo a integralidade do cuidado, a humanização do atendimento e a participação da comunidade no processo de saúde.

Portanto, compreender os dispositivos da Lei nº 8.080/90 é essencial para fortalecer a defesa dos direitos dos autistas e portadores de doenças raras, promovendo uma sociedade mais justa e inclusiva para todos os cidadãos.

Para os autistas e portadores de doenças raras, essa legislação representa uma importante ferramenta para garantir que recebam assistência adequada e personalizada, respeitando suas particularidades e necessidades específicas. A partir da Lei Orgânica da Saúde, é possível pleitear recursos e suporte governamental para o desenvolvimento de políticas públicas voltadas à inclusão social e ao bem-estar desses grupos.

**A Lei Berenice Piana como Ferramenta Essencial na Luta por Cobertura de Planos de Saúde para Autistas A Lei Berenice Piana (Lei 12.764/2012)** se configura como um instrumento fundamental na defesa dos direitos de pessoas com Transtorno do Espectro Autista (TEA) em ações judiciais contra planos de saúde que negam cobertura para os tratamentos necessários.

**Ampla Cobertura e Ações Multidisciplinares:** A Lei garante o direito à cobertura integral de ações e serviços de saúde para pessoas com TEA, abrangendo:

33

**Diagnóstico:** Acesso a testes e avaliações multidisciplinares para o diagnóstico preciso do TEA.

**Terapias:**

Cobertura de terapias essenciais, como terapia comportamental, fonoaudiologia e terapia ocupacional, para o desenvolvimento das habilidades e autonomia do indivíduo.

**Medicamentos:** Fornecimento de medicamentos prescritos por médicos especialistas, quando necessários para o tratamento do TEA.

**Acompanhamento Multidisciplinar:** Garantia de acompanhamento por equipe multiprofissional especializada em TEA, incluindo psicólogos, neurologistas, psiquiatras e outros profissionais.

**Combate à Negação Indevida de Cobertura:**

A Lei Berenice Piana combate a prática abusiva de planos de saúde que negam cobertura para os tratamentos de TEA sob diversas alegações infundadas, como: **Ausência de cobertura no plano:** A Lei determina que os planos de saúde devem cobrir os serviços de saúde para TEA, independentemente de estarem expressamente previstos no contrato.

**Limite de sessões:** A Lei proíbe a limitação do número de sessões de terapia ou consultas médicas para pessoas com TEA.

**Exigência de autorização prévia:** A Lei dispensa a necessidade de autorização prévia do plano de saúde para a realização de consultas e procedimentos relacionados ao TEA.

**Argumento Forte em Ações Judiciais:**

Ao ingressar com ação judicial contra planos de saúde que negam cobertura para TEA, a Lei Berenice Piana se torna um argumento de peso em favor do paciente: **Fundamentação Legal Sólida:** A Lei fornece embasamento legal robusto para a cobrança da cobertura dos tratamentos de TEA, demonstrando aos juízes que o plano de saúde está violando um direito fundamental.

34

**Prova de Direitos Negligenciados:** A Lei comprova a negligência do plano de saúde em garantir o acesso a serviços essenciais para o bem-estar e desenvolvimento da pessoa com TEA.

**Busca por Justiça e Respeito aos Direitos:** A utilização da Lei demonstra o compromisso em defender os direitos da pessoa com TEA e garantir o acesso à saúde de qualidade.

**Exemplos de Aplicação da Lei Berenice Piana em Ações Judiciais: Garantia de cobertura para terapias ocupacionais:** Diversas decisões judiciais amparam a cobertura de terapias ocupacionais para pessoas com TEA, reconhecendo sua importância no desenvolvimento de habilidades motoras e de vida diária.

**Fornecimento de medicamentos específicos:**

**Custeio de procedimentos cirúrgicos:**

**Conclusão:**

A Lei Berenice Piana se destaca como um instrumento crucial na luta por cobertura integral de planos de saúde para pessoas com TEA. Ao embasar ações judiciais com essa lei, profissionais do direito e pacientes podem defender seus direitos com mais segurança e assertividade, garantindo o acesso a tratamentos essenciais para o bem-estar e desenvolvimento de indivíduos com TEA.

**Lembre-se:**

Consulte um advogado especializado em direitos de pessoas com deficiência para avaliar cada caso concreto e definir a melhor estratégia jurídica.

A Lei Berenice Piana é apenas um dos instrumentos disponíveis para garantir a cobertura de planos de saúde para TEA. Outros dispositivos legais e jurisprudências relevantes também podem ser utilizados.

35

A documentação médica completa e o laudo de diagnóstico do TEA são fundamentais para o sucesso de uma ação judicial.

## 7.2 Lei nº 9.656/98 - Lei dos Planos de Saúde

A Lei nº 9.656/98, conhecida como Lei dos Planos de Saúde, é uma legislação que estabelece normas e diretrizes para a prestação de serviços de assistência à saúde suplementar no Brasil. Essa lei tem um impacto significativo na proteção dos direitos dos autistas e portadores de doenças raras, garantindo o acesso a tratamentos especializados e cobertura adequada por parte dos planos de saúde.

Para os indivíduos com necessidades especiais, como autistas e portadores de doenças raras, a Lei dos Planos de Saúde desempenha um papel crucial na asseguração do acesso a serviços médicos essenciais. Ela estabelece regras claras sobre o que os planos devem cobrir em termos de diagnóstico, tratamento e acompanhamento desses pacientes, garantindo que não sejam discriminados ou negligenciados.

Além disso, a Lei nº 9.656/98 prevê mecanismos para que os beneficiários possam recorrer em caso de negativa de cobertura ou descumprimento das normas pelos planos de saúde. Isso significa que os autistas e portadores de doenças raras têm respaldo legal para exigir seus direitos e buscar soluções quando enfrentam dificuldades no acesso aos cuidados necessários.

Com essa legislação em vigor, os pacientes com necessidades especiais podem contar com uma maior segurança e proteção ao utilizar os serviços oferecidos pelos planos de saúde. A Lei dos Planos de Saúde contribui para a promoção da equidade no acesso à saúde suplementar, garantindo que todos os beneficiários sejam tratados com dignidade e recebam o suporte necessário para o seu bem-estar.

**7.3 Lei nº 12.527/11 - Lei de Acessibilidade** A Lei nº 12.527/11, também conhecida como Lei de Acessibilidade, é uma legislação fundamental que visa garantir o acesso igualitário e a inclusão social de todas as pessoas, incluindo autistas e portadores de doenças raras. Esta lei estabelece diretrizes para a transparência e o acesso à informação no âmbito público, promovendo a igualdade de oportunidades e o respeito aos direitos humanos.

No contexto dos autistas e portadores de doenças raras, a Lei de Acessibilidade desempenha um papel crucial ao garantir que essas pessoas tenham acesso a informações relevantes sobre seus direitos, tratamentos disponíveis, programas de apoio e demais recursos necessários para sua qualidade de vida. Além disso, essa legislação busca eliminar barreiras físicas, arquitetônicas, comunicacionais e atitudinais que possam impedir a plena participação desses indivíduos na sociedade.

Um aspecto importante da Lei nº 12.527/11 é a criação do Serviço de Informações ao Cidadão (SIC), que permite que qualquer pessoa solicite informações públicas aos órgãos governamentais. Isso é especialmente relevante para os autistas e portadores de doenças raras, pois lhes dá a oportunidade de acessar dados sobre políticas públicas voltadas para suas condições específicas, bem como exigir transparência nas ações do Estado em relação à saúde e inclusão social.

Além disso, a Lei de Acessibilidade estabelece diretrizes para tornar os espaços públicos mais acessíveis e adaptados às necessidades das pessoas com deficiência ou condições especiais. Isso inclui desde rampas de acesso até sinalizações adequadas em braille ou em formatos acessíveis para facilitar a locomoção e comunicação desses indivíduos.

Em suma, a Lei nº 12.527/11 desempenha um papel fundamental na promoção da inclusão social e no fortalecimento dos direitos dos autistas e portadores de doenças raras, garantindolhes o acesso à informação, serviços adequados e ambientes acessíveis para uma vida digna e plena.

**8**

**Insights Valiosos sobre Como Agir em**

**Situações Adversas**

### 8.1 Como lidar com a negativa de cobertura por parte dos planos de saúde

A negativa de cobertura por parte dos planos de saúde é uma situação desafiadora e frustrante para muitos pacientes, especialmente aqueles com necessidades especiais, como autistas e portadores de doenças raras. Nesse contexto, é fundamental compreender como agir diante dessa adversidade para garantir o acesso aos tratamentos necessários e proteger os direitos dos beneficiários.

Quando um plano de saúde se recusa a cobrir determinado procedimento ou tratamento, é essencial que o paciente esteja ciente dos seus direitos assegurados pela Lei dos Planos de Saúde (Lei nº 9.656/98). Esta legislação estabelece regras claras sobre o que os planos devem cobrir em termos de diagnóstico, tratamento e acompanhamento, garantindo que os beneficiários não sejam prejudicados injustamente.

Para lidar com a negativa de cobertura, o primeiro passo é verificar se o procedimento ou tratamento em questão está previsto no rol da Agência Nacional de Saúde Suplementar (ANS). Caso esteja listado, o plano deve obrigatoriamente oferecer a cobertura solicitada. Em seguida, é importante reunir toda a documentação médica que comprove a necessidade do tratamento e solicitar formalmente a revisão da decisão do plano.

Em casos mais complexos ou persistentes de negativa de cobertura, os beneficiários têm o direito de recorrer aos órgãos reguladores competentes, como a ANS e os Procons estaduais. Essas instâncias podem mediar conflitos entre pacientes e operadoras de planos de saúde, garantindo que as normas legais sejam cumpridas e que os direitos dos beneficiários sejam respeitados.

Além disso, buscar orientação jurídica especializada pode ser uma estratégia eficaz para enfrentar situações em que os direitos do paciente são desrespeitados.

Advogados especializados em direito à saúde podem auxiliar na elaboração de recursos administrativos e judiciais para garantir o acesso aos tratamentos necessários e proteger os interesses dos pacientes.

Em resumo, saber como lidar com a negativa de cobertura por parte dos planos de saúde requer conhecimento dos direitos assegurados pela legislação vigente, diligência na busca por soluções e, quando necessário, apoio jurídico especializado para garantir a justiça e equidade no acesso aos cuidados médicos adequados.

**8.2 Estratégias para superar obstáculos burocráticos** Em situações em que os obstáculos burocráticos se apresentam como barreiras para a resolução de questões importantes, é fundamental adotar estratégias eficazes para superá-los e alcançar os objetivos desejados. Nesse contexto, a habilidade de lidar com a burocracia de forma assertiva pode ser determinante para o sucesso em diversas áreas da vida.

Uma das estratégias-chave para superar obstáculos burocráticos é manter-se informado e atualizado sobre as normas, regulamentos e procedimentos envolvidos na situação em questão. Conhecer os trâmites necessários e os prazos estabelecidos pode ajudar a evitar entraves desnecessários e agilizar o processo de resolução de problemas.

Além disso, é importante cultivar habilidades de comunicação eficaz ao lidar com questões burocráticas. Saber expressar claramente suas necessidades, argumentos e solicitações pode facilitar a interação com as instâncias responsáveis pela resolução dos problemas, tornando o processo mais fluido e produtivo.

Outra estratégia útil é buscar apoio especializado quando necessário.

Profissionais com experiência em lidar com questões burocráticas complexas, como advogados especializados ou consultores jurídicos, podem oferecer orientação personalizada e auxílio na elaboração de soluções eficazes para contornar obstáculos legais ou administrativos.

Por fim, manter uma postura proativa e persistente diante dos obstáculos burocráticos é essencial para alcançar resultados positivos. Não desistir diante das dificuldades, buscar alternativas criativas e estar disposto a enfrentar desafios são atitudes fundamentais para superar barreiras e conquistar os objetivos almejados.

Ao adotar essas estratégias e abordagens proativas no enfrentamento de obstáculos burocráticos, indivíduos e organizações podem aumentar suas chances de sucesso na resolução de problemas complexos e na conquista de seus objetivos, mesmo diante das adversidades impostas pela burocracia.

**8.3 A importância da documentação e do registro de eventos** A documentação e o registro de eventos desempenham um papel crucial em situações adversas, fornecendo uma base sólida para lidar com desafios e imprevistos. Ao manter registros precisos e detalhados, é possível ter uma visão clara do histórico de eventos, facilitando a identificação de padrões, erros recorrentes e oportunidades de melhoria.

Uma das principais vantagens da documentação é a capacidade de respaldar decisões e ações tomadas em momentos críticos. Quando confrontados com obstáculos ou 40 conflitos, ter evidências tangíveis em forma de documentos pode ser essencial para justificar escolhas, defender posições e evitar mal-entendidos.

Além disso, a documentação adequada pode servir como um mecanismo de aprendizado contínuo. Ao revisar registros passados, é possível extrair lições valiosas sobre estratégias eficazes, abordagens malsucedidas e áreas que requerem atenção especial no futuro. Essa reflexão retrospectiva contribui para o desenvolvimento pessoal e profissional, fortalecendo a capacidade de enfrentar desafios com maior preparo.

Outro aspecto relevante da documentação é sua utilidade na comunicação eficaz.

Ao compartilhar informações detalhadas por meio de registros bem elaborados, é possível alinhar expectativas, esclarecer dúvidas e garantir que todas as partes envolvidas tenham acesso às mesmas informações relevantes. Isso promove transparência, confiança mútua e colaboração produtiva na resolução de problemas complexos.

Em suma, a documentação e o registro de eventos são ferramentas poderosas para enfrentar situações adversas com assertividade e eficiência. Ao adotar práticas consistentes de documentação, indivíduos e organizações podem melhorar sua capacidade de resposta diante de desafios inesperados, minimizando riscos e maximizando oportunidades de crescimento e superação.

41

**9**

**Promovendo a Igualdade no Acesso aos**

**Cuidados Médicos Necessários**

**9.1 A importância da conscientização sobre autismo e doenças raras** A conscientização sobre autismo e doenças raras é fundamental para garantir o acesso equitativo aos cuidados médicos necessários. Pacientes com essas condições enfrentam desafios únicos devido à falta de compreensão e recursos adequados, tornando essencial promover a sensibilização e educação sobre essas questões.

Para indivíduos com autismo, a conscientização é crucial para combater estigmas e preconceitos que podem dificultar o acesso aos serviços de saúde. Muitas vezes, a falta de entendimento sobre as necessidades específicas desses pacientes leva a barreiras na comunicação e no tratamento adequado, destacando a importância de programas educacionais voltados para profissionais de saúde e sociedade em geral.

Da mesma forma, as doenças raras frequentemente são mal compreendidas e subdiagnosticadas, o que resulta em atrasos no tratamento e na obtenção de cuidados especializados. A conscientização sobre essas condições pode ajudar a aumentar a identificação precoce, melhorar o acesso a terapias inovadoras e promover uma abordagem mais holística no cuidado desses pacientes.

Além disso, ao elevar o nível de conhecimento sobre autismo e doenças raras, é possível fomentar políticas públicas mais inclusivas e direcionadas às necessidades específicas desses grupos. Isso envolve não apenas garantir o acesso aos tratamentos médicos adequados, mas também promover a inclusão social, educacional e profissional desses pacientes em todos os aspectos da vida.

Portanto, investir em campanhas de conscientização, eventos educativos e iniciativas de advocacy é essencial para promover uma sociedade mais justa e inclusiva para indivíduos com autismo e doenças raras. Ao ampliar o entendimento coletivo sobre essas condições complexas, podemos avançar na construção de um sistema de saúde mais igualitário e acessível para todos os cidadãos.

**9.2 O papel da sociedade civil na defesa dos direitos à saúde** A sociedade civil desempenha um papel fundamental na defesa dos direitos à saúde, especialmente no que diz respeito ao acesso equitativo aos cuidados médicos necessários. Organizações não governamentais, grupos de defesa e ativistas têm a capacidade de mobilizar recursos, conscientizar a população e pressionar por mudanças políticas que garantam a igualdade no acesso aos serviços de saúde.

43

Esses atores da sociedade civil podem atuar como pontes entre os pacientes e os sistemas de saúde, fornecendo suporte, orientação e advocacia para aqueles que enfrentam barreiras no acesso aos cuidados médicos. Eles podem ajudar a amplificar as vozes das comunidades marginalizadas ou sub-representadas, garantindo que suas necessidades sejam ouvidas e atendidas pelas autoridades competentes.

Além disso, a sociedade civil desempenha um papel crucial na educação da população sobre seus direitos à saúde e na promoção da conscientização sobre questões de equidade e justiça no sistema de saúde. Ao envolver a comunidade em campanhas educativas e eventos de sensibilização, essas organizações podem contribuir para uma maior compreensão das disparidades existentes e mobilizar esforços para combatê-las.

Por meio do engajamento ativo da sociedade civil, é possível pressionar por políticas públicas mais inclusivas, transparentes e responsáveis no setor da saúde. A participação cidadã é essencial para garantir que as decisões tomadas pelos governos reflitam as necessidades reais da população e promovam a igualdade no acesso aos cuidados médicos necessários.

Em resumo, o papel da sociedade civil na defesa dos direitos à saúde é essencial para promover uma sociedade mais justa e inclusiva. Ao trabalhar em colaboração com outras partes interessadas, incluindo governos, instituições de saúde e comunidades locais, as organizações da sociedade civil podem desempenhar um papel significativo na construção de sistemas de saúde mais equitativos e acessíveis para todos os cidadãos.

44

**Instituições e Associações Civis:**

**Pilar Fundamental na Luta contra Ilícitos de Planos de Saúde**
No combate aos ilícitos praticados por planos de saúde, as

instituições e associações civis assumem um papel crucial, complementando as ações do Estado e defendendo os direitos dos consumidores. Através de diversas frentes de atuação, contribuem para a construção de um ambiente mais justo e transparente na área da saúde suplementar:

**Instituições e Associações Civis: Pilar Fundamental na Luta contra Ilícitos de Planos de Saúde**

No combate aos ilícitos praticados por planos de saúde, as instituições e associações civis assumem um papel crucial, complementando as ações do Estado e defendendo os direitos dos consumidores. Através de diversas frentes de atuação, contribuem para a construção de um ambiente mais justo e transparente na área da saúde suplementar:

**1.**

**Orientação e Apoio aos Consumidores:**

Oferecem canais de comunicação e atendimento para auxiliar consumidores na compreensão de seus direitos e na resolução de conflitos com planos de saúde.

Orientam sobre como identificar práticas abusivas e como proceder em casos de negação de cobertura, cobranças indevidas ou descumprimento de contrato.

Disponibilizam materiais informativos e educativos sobre os direitos dos consumidores de planos de saúde, promovendo a conscientização e o empoderamento individual.

**2.**

**Monitoramento e Denúncias de Irregularidades:** Atuam na vigilância constante do mercado de planos de saúde, monitorando práticas abusivas e denunciando irregularidades aos órgãos competentes, como a Agência Nacional de Saúde Suplementar (ANS).

45

• Recepbem e analisam denúncias de consumidores sobre práticas abusivas,

• Colaboram com investigações e processos administrativos contra planos de saúde que cometem ilícitos,

**3.**

**Promoção de Defesa Coletiva e Ações Judiciais:** Ingressam com ações judiciais em defesa dos direitos dos consumidores, buscando reparação de danos individuais e coletivos causados por práticas abusivas de planos de saúde.

Atuam como representantes em ações coletivas, defendendo os interesses de um grupo significativo de consumidores que foram lesados por um mesmo plano de saúde.

Contribuem para a construção de jurisprudência favorável aos consumidores, consolidando seus direitos e fortalecendo a defesa coletiva em casos de ilícitos na área da saúde suplementar.

**4.**

**Proposição de Melhorias no Marco Legal:**

Apresentam propostas de leis e políticas públicas que visem fortalecer a proteção dos consumidores de planos de saúde e combater com mais efetividade os ilícitos praticados nesse setor.

Participam de debates e audiências públicas, levando a voz dos consumidores para o processo de formulação de políticas públicas na área da saúde.

Colaboram com órgãos públicos e entidades do setor para aprimorar a regulamentação e a fiscalização do mercado de planos de saúde, contribuindo para a construção de um sistema de saúde suplementar mais justo e transparente.

**5.**

**Promoção da Educação em Saúde:**

Realizam campanhas de conscientização sobre os direitos dos consumidores de planos de saúde, informando a população sobre como escolher um plano adequado, como utilizar seus serviços e como proceder em caso de conflitos com a operadora.

Promovem eventos educativos e workshops para capacitar consumidores sobre seus direitos e como defender seus interesses na relação com planos de saúde.

Contribuem para a construção de uma cultura de consumo consciente e responsável na área da saúde suplementar, empoderando os consumidores para que exijam seus direitos e contribuam para a melhoria da qualidade dos serviços prestados.

**Conclusão:**

As instituições e associações civis desempenham um papel fundamental na luta contra os ilícitos praticados por planos de saúde, complementando as ações do Estado e defendendo os direitos dos consumidores. Através de diversas frentes de atuação, contribuem para a construção de um ambiente mais justo e transparente na área da saúde suplementar, garantindo o acesso à saúde de qualidade para todos os brasileiros.

**Lembre-se:**

É importante buscar o apoio de instituições e associações civis especializadas em defesa dos direitos dos consumidores de planos de saúde em caso de dúvidas ou conflitos com sua operadora.

As informações fornecidas por essas instituições podem ser essenciais para a resolução de problemas e a garantia de seus direitos.

O engajamento individual e coletivo dos consumidores é fundamental para fortalecer a defesa de seus direitos e contribuir para a melhoria do mercado de planos de saúde.

47

**9.3 Estratégias para promover a inclusão e a acessibilidade no sistema de saúde**

A promoção da inclusão e acessibilidade no sistema de saúde é essencial para garantir que todos tenham acesso equitativo aos cuidados médicos necessários. Para alcançar esse objetivo, é fundamental implementar estratégias eficazes que abordem as barreiras existentes e promovam a igualdade de acesso.

**Capacitação dos profissionais de saúde:** Investir na formação e sensibilização dos profissionais de saúde sobre questões de diversidade, inclusão e acessibilidade pode melhorar a qualidade do atendimento prestado a pacientes de diferentes origens e necessidades. Isso inclui treinamentos sobre competência cultural, comunicação eficaz com pacientes com deficiências e práticas inclusivas.

**Implementação de políticas inclusivas:** Desenvolver políticas claras e abrangentes que garantam o acesso igualitário aos serviços de saúde para todos os cidadãos é crucial. Isso envolve a eliminação de barreiras físicas, linguísticas, econômicas e culturais que possam impedir determinados grupos de obter os cuidados necessários.

**Promoção da tecnologia na saúde:** A integração da tecnologia nos sistemas de saúde pode facilitar o acesso remoto aos cuidados médicos, especialmente para comunidades rurais ou isoladas. Telemedicina, aplicativos móveis e plataformas online podem ampliar o alcance dos serviços de saúde e reduzir as disparidades geográficas no acesso.

**Parcerias com organizações da sociedade civil:** Colaborar com ONGs, grupos comunitários e ativistas pode fortalecer as iniciativas voltadas para a promoção da inclusão no sistema de saúde. Essas parcerias podem ajudar na identificação das necessidades específicas das comunidades marginalizadas e na implementação de soluções personalizadas.

Em suma, adotar estratégias proativas para promover a inclusão e acessibilidade no sistema de saúde é fundamental para garantir que todos os indivíduos tenham igualdade no acesso aos cuidados médicos necessários. Ao implementar medidas concretas que abordem as desigualdades existentes, é possível construir um sistema de saúde mais justo, inclusivo e eficaz para toda a população.

49

# 10
## Conclusão e Considerações Finais

**10.1 Recapitulando os principais pontos do guia** O guia abordou de forma abrangente a importância da conscientização sobre autismo e doenças raras, destacando a necessidade de promover a sensibilização e educação para garantir o acesso equitativo aos cuidados médicos necessários. Além disso, ressaltou o papel fundamental da sociedade civil na defesa dos direitos à saúde, enfatizando a importância de organizações não governamentais, grupos de defesa e ativistas na mobilização por mudanças políticas que garantam a igualdade no acesso aos serviços de saúde.

Outro ponto crucial discutido foi a implementação de estratégias para promover a inclusão e acessibilidade no sistema de saúde, como capacitação dos profissionais de saúde, desenvolvimento de políticas inclusivas, integração da tecnologia na saúde e parcerias com organizações da sociedade civil. Essas medidas visam eliminar barreiras existentes e garantir que todos tenham igualdade no acesso aos cuidados médicos necessários.

Ao elevar o nível de conhecimento sobre autismo e doenças raras, fomentar políticas públicas mais inclusivas e direcionadas às necessidades específicas desses grupos, engajar ativamente a sociedade civil na defesa dos direitos à saúde e adotar estratégias proativas para promover a inclusão e acessibilidade no sistema de saúde, é possível avançar na construção de um sistema mais justo, inclusivo e eficaz para toda a população.

Em suma, o guia oferece uma visão abrangente das questões relacionadas à igualdade no acesso aos cuidados médicos necessários, destacando a importância da 50

conscientização, do ativismo social e das estratégias práticas para promover uma sociedade mais justa e inclusiva em termos de saúde.

**10.2 A importância da defesa dos direitos à saúde** A defesa dos direitos à saúde é um tema crucial que permeia todas as camadas da sociedade, impactando diretamente a qualidade de vida e o bem-estar de indivíduos e comunidades. Garantir o acesso equitativo aos cuidados médicos necessários não é apenas uma questão de justiça social, mas também um imperativo ético e humano.

Quando nos propomos a defender os direitos à saúde, estamos lutando por uma sociedade mais justa e inclusiva, onde todos tenham acesso igualitário aos serviços de saúde essenciais. Isso envolve não apenas garantir o acesso físico aos cuidados médicos, mas também promover políticas públicas que atendam às necessidades específicas de grupos vulneráveis, como pessoas com autismo e doenças raras.

Além disso, a defesa dos direitos à saúde requer uma abordagem holística que englobe não apenas a prestação de serviços médicos, mas também a promoção da educação em saúde, a prevenção de doenças e a promoção do bem-estar geral. Ao defendermos ativamente esses direitos, estamos contribuindo para a construção de uma sociedade mais saudável e resiliente.

É fundamental reconhecer o papel da sociedade civil nesse processo, pois são as organizações não governamentais, grupos de defesa e ativistas que muitas vezes lideram as iniciativas em prol dos direitos à saúde. Ao unirmos forças e nos mobilizarmos em torno dessa causa comum, podemos pressionar por mudanças políticas significativas que garantam um sistema de saúde mais justo e acessível para todos.

Em última análise, a defesa dos direitos à saúde não é apenas uma responsabilidade individual ou governamental - é um compromisso coletivo com o bemestar de toda a sociedade. Ao reconhecermos a importância desse tema e nos engajarmos ativamente na sua promoção, estamos contribuindo para um futuro mais saudável e equitativo para todos.

**10.3 Perspectivas futuras para a defesa dos direitos à saúde** Ao considerarmos as perspectivas futuras para a defesa dos direitos à saúde, é crucial analisar os desafios emergentes e as oportunidades de avanço nesse campo tão fundamental para o bem-estar da sociedade. Uma das principais tendências que devem ser abordadas é a crescente digitalização da saúde, que traz consigo benefícios significativos, como o acesso remoto aos cuidados médicos e a personalização dos tratamentos.

No entanto, é essencial garantir que essa transformação digital não amplie as desigualdades no acesso à saúde, especialmente para grupos marginalizados ou com menor acesso à tecnologia. Nesse sentido, políticas públicas e regulamentações devem ser desenvolvidas para garantir que a digitalização da saúde seja inclusiva e equitativa.

Além disso, a defesa dos direitos à saúde também deve considerar o impacto das mudanças climáticas na saúde pública. O aumento das temperaturas globais e eventos 52 climáticos extremos representam uma ameaça crescente para a saúde das populações em todo o mundo, exigindo medidas preventivas e adaptativas para proteger os mais vulneráveis.

Outro aspecto importante a se considerar nas perspectivas futuras é a necessidade de fortalecer a colaboração entre diferentes setores - como saúde, educação, meio ambiente e desenvolvimento social - para abordar de forma integrada os determinantes sociais da saúde. A interdisciplinaridade e a cooperação entre diferentes atores são fundamentais para promover políticas públicas eficazes que garantam o direito universal à saúde.

Em última análise, as perspectivas futuras para a defesa dos direitos à saúde devem ser pautadas pela busca constante por justiça social, equidade e solidariedade. Ao enfrentarmos os desafios emergentes com um olhar crítico e propositivo, podemos construir um futuro mais saudável e inclusivo para todos os indivíduos e comunidades.

53

**11**

**Anexos**

## 11.1 Modelo de carta para solicitar revisão de decisões negativas

A solicitação de revisão de decisões negativas é um processo crucial para garantir que os direitos à saúde sejam respeitados e que todos tenham acesso equitativo aos cuidados médicos necessários. Ao redigir uma carta para solicitar essa revisão, é essencial seguir um modelo claro e bem estruturado para comunicar efetivamente suas preocupações e argumentos.

Para iniciar a carta, é importante identificar claramente o destinatário, seja ele um órgão governamental, uma seguradora de saúde ou qualquer outra entidade responsável pela decisão. Em seguida, explique sucintamente a situação em questão, incluindo detalhes relevantes sobre a decisão negativa e como ela afeta sua saúde ou a saúde do beneficiário.

No corpo da carta, apresente seus argumentos de forma lógica e fundamentada.

Destaque qualquer informação adicional que possa apoiar sua solicitação, como relatórios médicos, recomendações profissionais ou evidências científicas que respaldem a necessidade dos cuidados médicos em questão.

Além disso, é fundamental manter um tom respeitoso e objetivo ao redigir a carta. Evite linguagem agressiva ou acusatória e concentre-se em transmitir suas preocupações de maneira clara e assertiva.

Por fim, encerre a carta solicitando formalmente a revisão da decisão negativa e fornecendo informações de contato para facilitar qualquer comunicação adicional.

Agradeça antecipadamente pela atenção à sua solicitação e esteja preparado para fornecer mais informações caso necessário durante o processo de revisão.

54

Ao seguir esse modelo de carta para solicitar revisão de decisões negativas, você estará demonstrando seu compromisso com a defesa dos direitos à saúde e buscando ativamente garantir que todos tenham acesso igualitário aos cuidados médicos necessários.

**11.2 Modelo de petição para ação judicial** A elaboração de uma petição para ação judicial é um passo fundamental no processo de buscar justiça e garantir seus direitos legais. Ao redigir essa petição, é essencial seguir um modelo claro e bem estruturado para apresentar seus argumentos de forma convincente perante o tribunal.

Para iniciar a petição, é crucial identificar as partes envolvidas no processo, incluindo o autor (quem está movendo a ação) e o réu (a parte contra quem a ação está sendo movida). Além disso, é importante detalhar claramente os fatos que fundamentam a 55 necessidade da ação judicial, apresentando evidências sólidas e relevantes para sustentar suas reivindicações.

No corpo da petição, organize seus argumentos de maneira lógica e coesa.

Apresente os fatos de forma cronológica e detalhada, destacando as leis ou regulamentos que respaldam sua posição. É fundamental demonstrar ao tribunal que você possui motivos legítimos para requerer uma decisão favorável em seu caso.

Além disso, ao redigir a petição, mantenha um tom respeitoso e objetivo. Evite linguagem inflamatória ou acusatória, focando na apresentação clara dos fatos e argumentos jurídicos que embasam sua solicitação. Lembre-se de que o objetivo principal da petição é convencer o juiz da validade de suas reivindicações.

Por fim, encerre a petição solicitando formalmente as medidas desejadas pelo autor da ação judicial. Seja claro e específico em relação aos resultados esperados e forneça informações adicionais relevantes que possam apoiar sua solicitação.

Ao seguir esse modelo de petição para ação judicial com diligência e cuidado na elaboração dos argumentos apresentados, você estará aumentando suas chances de obter uma decisão favorável por parte do tribunal e garantindo seus direitos legais são respeitados.

56

**Modelo exemplificativo de Ação Judicial para Cobrança de Indenização por Danos Morais e Materiais, Liminar e Mudança de Plano Individual para Coparticipação em Caso de Autismo**

COMPETÊNCIA:

EXMO SR DR JUIZ DE DE DIREITO DA COMARCA DE ... DO

ESTADO DE ....

I. IDENTIFICAÇÃO DAS PARTES

A)

**AUTORA:**Nome completo:Qualificação: (informar idade, estado civil, profissão, etc.)CPF:RG:Endereço:Telefone:E-mail: **B)**

**RÉU:**Nome da empresa do plano de saúde:CNPJ:Endereço:Telefone: tendo em vistas os fatos e fundamentos à seguir: **II. DOS FATOS**

A autora é menor de idade, portadora de Transtorno do Espectro Autista (TEA), conforme laudo médico anexo (**Anexo I**). O TEA é um distúrbio neurobiológico que afeta a comunicação e o comportamento social. As pessoas com TEA podem apresentar dificuldades em diversas áreas, como: Interação social: dificuldade em iniciar ou manter conversas, dificuldade em entender as emoções dos outros, falta de interesse em interações sociais. Comunicação: dificuldade em se comunicar verbalmente e não verbalmente, fala repetitiva, uso limitado de linguagem. Comportamento: comportamentos repetitivos e estereotipados, interesses restritos, dificuldade em mudanças de rotina.

O tratamento para o TEA é essencial para melhorar a qualidade de vida das pessoas com o distúrbio. O tratamento pode incluir: Terapia comportamental: ajuda as pessoas com TEA a desenvolverem habilidades sociais e de comunicação.

Terapia ocupacional: ajuda as pessoas com TEA a desenvolverem habilidades de vida diária, como se vestir, comer e se cuidar.

Fonoaudiologia: ajuda as pessoas com TEA a desenvolverem habilidades de linguagem e fala

A autora necessita de acompanhamento multidisciplinar para o tratamento do seu TEA, conforme prescrição médica anexa (**Anexo II**).

A autora era titular de um plano de saúde individual, o qual foi unilateralmente alterado pela ré, que passou a cobrar coparticipação para os serviços de saúde relacionados ao TEA.

57

A cobrança de coparticipação para serviços de saúde relacionados ao TEA é ilegal, conforme determina a Lei 8.069/90 (Estatuto da Criança e do Adolescente), a Lei 6.949/2000 (Convenção

Internacional sobre os Direitos das Pessoas com Deficiência), a Lei 13.146/2015 (Lei Brasileira de

Inclusão da Pessoa com Deficiência) e a Resolução Normativa nº 429/2010 da Agência Nacional de Saúde Suplementar (ANS).

A alteração unilateral do plano de saúde causou diversos transtornos à autora, como:

Dificuldade de acesso ao tratamento necessário para o seu TEA; Aumento dos custos com saúde;

Prejuízo à sua saúde mental e bem-estar;

Violação de seus direitos como consumidora e como pessoa com deficiência.

## II. DO DIREITO

A Lei 8.069/90 (Estatuto da Criança e do Adolescente) garante o direito à saúde de todas as crianças e adolescentes.

A Lei 6.949/2000 (Convenção Internacional sobre os Direitos das Pessoas com Deficiência) garante o direito das pessoas com deficiência à saúde e à reabilitação.

A Lei 13.146/2015 (Lei Brasileira de Inclusão da Pessoa com Deficiência) garante o direito das pessoas com deficiência à saúde e à educação.

A Resolução Normativa nº 429/2010 da Agência Nacional de Saúde Suplementar (ANS) determina que os planos de saúde devem cobrir o tratamento para o TEA, sem coparticipação.

O Código de Defesa do Consumidor garante o direito do consumidor à informação adequada e à prestação de serviços de qualidade. **IV. DO PEDIDO**

Diante do exposto, a autora requer:

**a) A concessão de liminar** para que a ré seja obrigada a manter o plano de saúde da autora sem coparticipação para os serviços de saúde relacionados ao TEA, sob pena de multa diária de R$ 5.000,00 (cinco mil reais).

**b) A citação da ré** para que apresente resposta no prazo legal.

**c) A produção de todas as provas em direito admitidas,** inclusive depoimento **d) A procedência da ação,** para que seja confirmada a liminar e a ré seja condenada a:

58

Manter o plano de saúde da autora sem coparticipação para os serviços de saúde relacionados ao TEA.

Ressarcir a autora pelos valores pagos a título de coparticipação para os serviços de saúde relacionados ao TEA.

Indenizar a autora pelos danos morais causados pela alteração unilateral do plano de saúde, no valor de R$ 50.000,00 (cinquenta mil reais).

Indenizar a autora pelos danos materiais causados pela alteração unilateral do plano de saúde, no valor de R$ 10.000,00 (dez mil reais).

e) A condenação da ré ao pagamento das custas processuais e dos honorários advocatícios.V. DO VALOR DA CAUSA Dá-se à causa o valor de R$ 60.000,00 (sessenta mil reais).

**Nestes termos,** Pede deferimento.

**Local e data.**

**Advogado(a)**

**OAB/UF**

### 11.3 Lista de recursos disponíveis para auxiliar na defesa dos direitos à saúde

A defesa dos direitos à saúde é uma questão fundamental que requer o acesso a recursos e informações adequadas para garantir que os indivíduos possam buscar justiça e proteção legal. Neste contexto, é essencial conhecer e utilizar os diversos recursos disponíveis para auxiliar na defesa desses direitos.

**Organizações de Direitos Humanos:** Existem várias organizações dedicadas à defesa dos direitos humanos, incluindo aqueles relacionados à saúde.

Essas organizações podem oferecer suporte jurídico, orientação e advocacy em casos de violações dos direitos à saúde.

**Centros de Assistência Jurídica:** Muitas comunidades contam com centros de assistência jurídica que prestam serviços gratuitos ou a baixo custo para indivíduos que necessitam de apoio legal. Esses centros podem ajudar na redação de petições, fornecer representação legal e orientar sobre os procedimentos legais necessários.

**Guias Legais Específicos:** Existem guias legais específicos disponíveis online ou em formato impresso que abordam questões relacionadas aos direitos à saúde. Esses guias podem fornecer informações detalhadas sobre leis, regulamentos e procedimentos legais relevantes para a defesa desses direitos.

**Fóruns Online e Comunidades:** Participar de fóruns online ou comunidades dedicadas aos direitos à saúde pode ser uma fonte valiosa de apoio e informações. Nessas plataformas, é possível compartilhar experiências, obter conselhos práticos e conectar-se com outros indivíduos que estão enfrentando desafios semelhantes.

Ao aproveitar esses recursos disponíveis, os indivíduos podem fortalecer sua capacidade de defender seus direitos à saúde, buscar reparação em caso de violações e promover mudanças positivas no sistema de saúde como um todo. É crucial estar informado e engajado para garantir que os direitos fundamentais relacionados à saúde sejam respeitados e protegidos em todas as circunstâncias.

60

# 12
# Glossário

**12.1 Termos técnicos relacionados à saúde** Os termos técnicos relacionados à saúde desempenham um papel fundamental na comunicação eficaz entre profissionais de saúde, pacientes e pesquisadores. Esses termos são utilizados para descrever condições médicas, procedimentos, tratamentos e conceitos específicos que são essenciais para o entendimento preciso da saúde e da medicina.

É crucial compreender a terminologia técnica para garantir uma comunicação clara e precisa no contexto da saúde. Alguns exemplos comuns de termos técnicos incluem: **Diagnóstico:** O processo de identificar uma doença ou condição com base nos sintomas apresentados pelo paciente, exames clínicos e testes laboratoriais.

**Tratamento:** As intervenções médicas ou terapêuticas realizadas para curar, aliviar ou controlar uma condição de saúde específica.

**Prognóstico:** A previsão do curso provável de uma doença com base em fatores como gravidade, resposta ao tratamento e histórico médico do paciente.

**Epidemia:** A propagação rápida de uma doença infecciosa em uma população específica ou região geográfica.

**Vacinação:** A administração de vacinas para induzir imunidade contra doenças infecciosas e prevenir sua disseminação.

A familiaridade com esses termos técnicos é essencial para profissionais de saúde ao interagir com colegas, discutir casos clínicos e fornecer informações aos pacientes. Pacientes também podem se beneficiar do conhecimento desses termos ao 61 participar ativamente das decisões sobre sua própria saúde e entender melhor as orientações médicas recebidas.

Pesquisadores e acadêmicos também dependem desses termos técnicos para descrever suas descobertas, comunicar resultados de estudos científicos e avançar no campo da medicina. Portanto, a compreensão dos termos técnicos relacionados à saúde é essencial em todos os níveis do sistema de cuidados de saúde para garantir a eficácia, segurança e qualidade dos serviços prestados.

**12.2 Termos jurídicos relacionados à defesa dos direitos à saúde** Os termos jurídicos relacionados à defesa dos direitos à saúde são fundamentais para garantir que os indivíduos tenham acesso a cuidados de saúde adequados e de qualidade. Esses termos são utilizados no contexto legal para proteger e promover os direitos das pessoas em relação à sua saúde e bem-estar.

Alguns exemplos de termos jurídicos importantes nesse contexto incluem: **Direito à Saúde:** O princípio fundamental que reconhece o acesso universal aos serviços de saúde como um direito humano básico. Esse direito é frequentemente protegido por leis nacionais e internacionais que garantem o acesso equitativo aos cuidados de saúde.

**Acesso Universal:** O conceito de que todos os indivíduos devem ter acesso igualitário aos serviços de saúde, independentemente de sua condição socioeconômica, geográfica ou cultural. A garantia do acesso universal é essencial para promover a equidade no sistema de saúde.

**Defesa do Paciente:** O conjunto de leis e regulamentos que protegem os direitos dos pacientes em relação ao tratamento médico, privacidade das informações médicas, consentimento informado e qualidade dos cuidados recebidos. A defesa do 62 paciente visa garantir uma relação respeitosa e transparente entre profissionais de saúde e pacientes.

**Responsabilidade Civil:** A obrigação legal que os profissionais de saúde têm de prestar cuidados adequados aos pacientes, seguindo padrões éticos e profissionais estabelecidos. A responsabilidade civil pode ser acionada em casos de negligência médica ou má conduta profissional.

**Direito Sanitário:** O ramo do direito que trata das questões legais relacionadas à saúde pública, controle de epidemias, vigilância sanitária, políticas de prevenção e promoção da saúde. O direito sanitário visa proteger a coletividade contra riscos à saúde pública.

O entendimento desses termos jurídicos é essencial para advogados especializados em questões de saúde, gestores públicos responsáveis pela formulação de políticas públicas na área da saúde e cidadãos interessados em defender seus direitos no sistema de cuidados de saúde. Ao conhecer esses termos, as pessoas podem se capacitar para exigir o cumprimento das leis que garantem o acesso justo e digno aos serviços de saúde.

# 13
**Referências Bibliográficas**

**Legislação e jurisprudência relacionadas à defesa dos direitos à saúde** A legislação e a jurisprudência desempenham um papel crucial na proteção dos direitos à saúde dos cidadãos, garantindo o acesso equitativo aos serviços de saúde e promovendo a qualidade do atendimento. A interseção entre o direito e a saúde é fundamental para assegurar que as políticas públicas estejam alinhadas com os princípios éticos e legais que regem a prestação de cuidados de saúde.

Na legislação brasileira, a Constituição Federal de 1988 estabelece o direito à saúde como um dever do Estado, prevendo a criação de políticas públicas que visem garantir o acesso universal e igualitário aos serviços de saúde. Além disso, leis específicas, como a Lei Orgânica da Saúde (Lei nº 8.080/1990) e a Lei dos Planos de Saúde (Lei nº

9.656/1998), regulamentam aspectos importantes relacionados à assistência médica, ao financiamento da saúde e à fiscalização das operadoras de planos de saúde.

No âmbito da jurisprudência, decisões judiciais têm sido fundamentais para garantir o cumprimento dos direitos à saúde, especialmente em casos de negativa de cobertura por parte das operadoras de planos de saúde ou falta de acesso a tratamentos médicos essenciais. A atuação do Poder Judiciário tem sido essencial para assegurar que os cidadãos tenham seus direitos respeitados e recebam o tratamento adequado conforme determinado pela legislação vigente.

É importante destacar que a constante evolução da legislação e da jurisprudência na área da saúde reflete os desafios enfrentados no sistema de saúde brasileiro, bem como as demandas crescentes por uma maior efetividade na garantia dos direitos fundamentais à vida e à dignidade humana. O diálogo entre profissionais da área jurídica, gestores 64 públicos, profissionais da saúde e cidadãos é essencial para promover uma abordagem integrada na defesa dos direitos à saúde e na construção de uma sociedade mais justa e saudável.

65

14

# Índice Remissivo

**14.1 Índice de termos e conceitos importantes** O índice de termos e conceitos importantes é uma ferramenta essencial para profissionais da área da saúde, advogados especializados em questões de saúde, gestores públicos e cidadãos interessados em compreender os fundamentos relacionados à interseção entre saúde e direito. Este índice permite a rápida localização e definição de termos técnicos específicos que são cruciais para a compreensão dos direitos à saúde e das políticas públicas nessa área.

Por meio do índice, os leitores podem encontrar definições claras e concisas de conceitoschave, como "direito à saúde", "vigilância sanitária", "bioética" e outros termos relevantes para o campo da saúde pública e do direito sanitário. Além disso, o índice pode incluir referências cruzadas entre termos relacionados, facilitando a conexão entre diferentes conceitos e promovendo uma compreensão mais abrangente do tema.

Para profissionais que lidam diariamente com questões legais ou de saúde, ter acesso a um índice abrangente de termos e conceitos importantes é fundamental para embasar suas práticas profissionais, embasando argumentações jurídicas ou decisões clínicas com base em conhecimento sólido. Da mesma forma, cidadãos que buscam defender seus direitos à saúde podem se beneficiar do entendimento preciso desses termos ao navegar pelo sistema de cuidados de saúde.

Em resumo, o índice de termos e conceitos importantes desempenha um papel crucial na promoção da educação continuada, no fortalecimento da advocacia em questões de saúde e no empoderamento dos cidadãos para reivindicar seus direitos no contexto complexo da interseção entre saúde e direito.

66

**15**

**Apêndice**

**15.1 Entrevistas com especialistas em saúde e direito** As entrevistas com especialistas em saúde e direito representam uma oportunidade única de aprofundar o entendimento sobre as complexidades da interseção entre essas duas áreas fundamentais. Ao ouvir profissionais experientes e renomados nessas disciplinas, é possível obter insights valiosos, perspectivas inovadoras e análises aprofundadas sobre questões prementes que afetam a sociedade como um todo.

Essas entrevistas proporcionam um espaço para discutir temas atuais, desafios jurídicos e éticos, bem como soluções inovadoras que visam promover o acesso equitativo à saúde e garantir a proteção dos direitos individuais. A troca de ideias com especialistas renomados pode esclarecer conceitos complexos, elucidar dilemas éticos e legais e inspirar novas abordagens para lidar com questões emergentes no campo da saúde pública.

Além disso, as entrevistas oferecem uma plataforma para destacar boas práticas, compartilhar experiências bem-sucedidas e promover a conscientização sobre questões cruciais que muitas vezes passam despercebidas. Ao dar voz aos especialistas em saúde e direito, essas conversas contribuem para ampliar o debate público, sensibilizar a opinião popular e influenciar positivamente políticas públicas voltadas para o bem-estar coletivo.

Em resumo, as entrevistas com especialistas em saúde e direito são uma ferramenta poderosa para enriquecer o conhecimento dos leitores, estimular reflexões críticas e fomentar a colaboração interdisciplinar necessária para enfrentar os desafios contemporâneos relacionados à saúde e ao sistema legal. Essa abordagem dinâmica e interativa permite explorar nuances complexas, analisar casos práticos sob diferentes perspectivas e promover um diálogo construtivo entre profissionais de diversas áreas.

**15.2 Casos de sucesso em que os direitos à saúde foram defendidos** A defesa dos direitos à saúde é fundamental para garantir o acesso equitativo aos serviços de saúde e promover o bem-estar da população. Neste contexto, casos de sucesso em que os direitos à saúde foram defendidos destacam-se como exemplos inspiradores de luta por justiça e igualdade no sistema de saúde.

Um caso emblemático é o da Ação Direta de Inconstitucionalidade (ADI) 5595, no Brasil, que resultou na garantia do fornecimento gratuito do medicamento Spiranza para pacientes com Atrofia Muscular Espinhal (AME) pelo Sistema Único de Saúde (SUS).

Essa conquista representou um marco na defesa do direito à saúde das pessoas com doenças raras e demonstrou a importância da mobilização social e jurídica para assegurar tratamentos essenciais.

Outro exemplo significativo é o caso da decisão da Suprema Corte da Índia em 2018, que reconheceu o direito fundamental à privacidade como parte integrante do direito à saúde. Essa decisão teve repercussões importantes na proteção dos dados médicos dos cidadãos indianos e estabeleceu um precedente crucial para a defesa da integridade física e psicológica das pessoas no contexto da assistência médica.

Além disso, a atuação de organizações não governamentais, como Médicos Sem Fronteiras e Anistia Internacional, tem sido fundamental na defesa dos direitos à saúde em contextos de crise humanitária e conflito armado. Através de intervenções médicas
68

emergenciais e advocacy político, essas organizações têm contribuído para garantir o acesso a cuidados médicos essenciais em áreas afetadas pela violência e pela falta de recursos.

Em resumo, os casos de sucesso em que os direitos à saúde foram defendidos evidenciam a importância da atuação coletiva, jurídica e política na promoção da equidade no sistema de saúde e na proteção dos mais vulneráveis. Essas histórias inspiradoras demonstram que é possível transformar realidades adversas através da defesa incansável dos princípios fundamentais do direito à saúde.

69

**16**

**Direitos à Saúde em Outros Países**

## 16.1 Comparação entre as legislações de saúde em diferentes países

A comparação entre as legislações de saúde em diferentes países é essencial para entender como cada nação aborda a proteção e promoção do direito à saúde de seus cidadãos. Ao analisar as políticas, regulamentações e sistemas de saúde em contextos diversos, é possível identificar pontos fortes, desafios comuns e estratégias inovadoras que podem inspirar melhorias globais no acesso aos cuidados de saúde.

Países como Canadá, Reino Unido, Suécia e Austrália são conhecidos por seus sistemas de saúde universal, que garantem atendimento médico gratuito ou subsidiado para todos os residentes. Esses modelos baseados na solidariedade social demonstram um compromisso com a equidade e a inclusão, priorizando o bem-estar coletivo sobre interesses individuais ou lucrativos.

Por outro lado, países como Estados Unidos e Brasil adotam sistemas de saúde mistos, nos quais a prestação de serviços é realizada tanto pelo setor público quanto pelo privado. Essa diversidade de abordagens reflete diferenças culturais, econômicas e políticas que influenciam diretamente a forma como os direitos à saúde são garantidos e protegidos em cada contexto nacional.

Além disso, a legislação relacionada à saúde mental, cuidados primários, medicamentos essenciais e prevenção de doenças varia significativamente entre os países.

Enquanto alguns governos investem em programas preventivos e educacionais para promover estilos de vida saudáveis, outros priorizam intervenções médicas curativas ou paliativas para lidar com doenças crônicas ou emergências sanitárias.

70

Em resumo, a comparação entre as legislações de saúde em diferentes países revela uma riqueza de abordagens e experiências que enriquecem o debate global sobre direitos humanos fundamentais. Ao aprender com as práticas bem-sucedidas e desafios enfrentados por outras nações, é possível fortalecer os sistemas de saúde locais e contribuir para uma maior igualdade no acesso aos cuidados médicos essenciais em todo o mundo.

71

**16.2 Estratégias para promover a defesa dos direitos à saúde em outros países**

A promoção e defesa dos direitos à saúde em diferentes países exigem estratégias específicas que considerem as nuances culturais, políticas e econômicas de cada nação. Ao analisar as legislações de saúde em contextos diversos, é possível identificar abordagens inovadoras que podem inspirar melhorias globais no acesso aos cuidados médicos essenciais.

Uma estratégia eficaz para promover os direitos à saúde em outros países é o intercâmbio de boas práticas e experiências entre nações. Por meio de parcerias internacionais e colaborações multilaterais, é possível compartilhar conhecimentos sobre políticas de saúde bem-sucedidas, programas preventivos inovadores e modelos de financiamento sustentáveis. Essa troca de informações pode enriquecer o debate global sobre direitos humanos fundamentais e contribuir para a construção de sistemas de saúde mais equitativos e eficientes.

Além disso, a capacitação de profissionais de saúde e gestores públicos em temas relacionados aos direitos à saúde é fundamental para fortalecer os sistemas de saúde em escala internacional. Investir em educação continuada, treinamentos especializados e capacitação técnica pode melhorar a qualidade dos serviços prestados, garantir o respeito aos princípios éticos e legais da prática médica e promover uma cultura organizacional voltada para a promoção da equidade no acesso aos cuidados de saúde.

Outra estratégia importante é o engajamento da sociedade civil na defesa dos direitos à saúde em nível global. Organizações não governamentais, grupos comunitários e movimentos sociais desempenham um papel crucial na advocacia por políticas públicas inclusivas, na fiscalização do cumprimento das leis relacionadas à saúde e na mobilização popular em prol do acesso universal aos serviços médicos. Ao envolver ativamente os cidadãos na promoção dos direitos à saúde, é possível fortalecer a democracia participativa e garantir que as necessidades da população sejam atendidas de forma justa e eficaz.

**17**

**Novas Tendências e Desenvolvimentos em**

## Saúde e Direito

**17.1 Avanços tecnológicos em saúde e seu impacto nos direitos à saúde** A evolução tecnológica na área da saúde tem transformado significativamente a forma como os serviços médicos são prestados, impactando diretamente os direitos à saúde dos cidadãos. A incorporação de novas tecnologias, como inteligência artificial, telemedicina, wearables e big data, tem proporcionado avanços impressionantes na prevenção, diagnóstico e tratamento de doenças.

Esses avanços tecnológicos têm o potencial de melhorar a acessibilidade aos cuidados de saúde, permitindo que pacientes em áreas remotas ou com dificuldades de mobilidade tenham acesso a consultas médicas virtuais e monitoramento contínuo de sua condição de saúde. Além disso, a telemedicina possibilita a realização de segundas opiniões especializadas e o acompanhamento mais eficiente de pacientes crônicos.

No entanto, é crucial considerar os desafios éticos e legais associados ao uso dessas tecnologias inovadoras. Questões relacionadas à privacidade dos dados dos pacientes, segurança cibernética, responsabilidade profissional e equidade no acesso aos serviços digitais precisam ser abordadas para garantir que os direitos à saúde sejam protegidos adequadamente.

Outro aspecto importante é a necessidade de capacitação dos profissionais de saúde para utilizarem essas ferramentas tecnológicas de forma ética e eficaz. Investir em treinamentos especializados e atualizações regulares pode garantir que os benefícios das novas tecnologias sejam maximizados sem comprometer a qualidade do atendimento prestado aos pacientes.

Em suma, os avanços tecnológicos em saúde representam uma oportunidade única para promover uma maior inclusão e eficiência nos sistemas de saúde. Ao equilibrar inovação com responsabilidade social e ética profissional, é possível garantir que todos os indivíduos tenham acesso equitativo aos benefícios da revolução digital na área da saúde.

**17.2 Novas legislações e regulamentações em saúde e direito** A evolução tecnológica na área da saúde não apenas impacta os direitos à saúde dos cidadãos, mas também demanda a criação de novas legislações e regulamentações para garantir a proteção dos dados dos pacientes, a segurança cibernética e a equidade no acesso aos serviços digitais. A rápida adoção de tecnologias como inteligência artificial, telemedicina e big data levanta questões éticas e legais que precisam ser abordadas de forma eficaz.

Com o avanço da telemedicina, por exemplo, surgem desafios relacionados à definição de responsabilidades legais em casos de diagnósticos incorretos ou falhas no atendimento virtual. É fundamental estabelecer diretrizes claras sobre a prática da teleconsulta, incluindo requisitos mínimos de segurança cibernética e privacidade dos dados do paciente.

Além disso, as novas tecnologias exigem uma revisão das leis existentes para garantir que estejam alinhadas com os avanços tecnológicos. Regulamentações sobre uso de inteligência artificial na tomada de decisões médicas, compartilhamento de dados entre profissionais de saúde e empresas privadas, e proteção contra discriminação algorítmica são essenciais para garantir a integridade do sistema de saúde digital.

A capacitação dos profissionais de saúde também deve ser considerada nas novas legislações, com requisitos específicos para o uso ético e responsável das ferramentas tecnológicas. Treinamentos regulares sobre segurança cibernética, privacidade dos dados do paciente e boas práticas na telemedicina podem ajudar a mitigar riscos legais e éticos associados à adoção dessas inovações.

Em resumo, as novas legislações e regulamentações em saúde e direito são essenciais para acompanhar o ritmo acelerado das inovações tecnológicas na área da saúde.

Ao estabelecer um ambiente legal sólido e atualizado, é possível promover o uso responsável das novas tecnologias em benefício da sociedade como um todo.

75

# 18
## Conclusão Final

**18.1 Recapitulando os principais pontos do guia** Neste capítulo, recapitulamos os principais pontos abordados ao longo deste guia sobre as novas tendências e desenvolvimentos em saúde e direito. Desde a evolução tecnológica na área da saúde até as novas legislações e regulamentações necessárias para acompanhar esses avanços, exploramos como a interseção entre saúde e direito está sendo transformada pela revolução digital.

Destacamos a importância dos avanços tecnológicos em saúde, como inteligência artificial, telemedicina, wearables e big data, na melhoria dos serviços médicos e no acesso equitativo aos cuidados de saúde. Essas inovações têm o potencial de revolucionar a forma como os pacientes são diagnosticados, tratados e acompanhados, proporcionando benefícios significativos para a sociedade como um todo.

No entanto, também discutimos os desafios éticos e legais associados ao uso dessas tecnologias inovadoras. A proteção da privacidade dos dados dos pacientes, a segurança cibernética e a equidade no acesso aos serviços digitais emergem como questões cruciais que precisam ser abordadas com responsabilidade e transparência.

Além disso, enfatizamos a necessidade de novas legislações e regulamentações para garantir que o uso das novas tecnologias esteja alinhado com princípios éticos e legais sólidos. Definir responsabilidades legais na prática da telemedicina, proteger os dados dos pacientes contra violações cibernéticas e promover treinamentos especializados para profissionais de saúde são medidas essenciais para garantir uma transição suave para o ambiente digital na área da saúde.

76

Ao recapitular esses pontos-chave, reforçamos a importância de equilibrar inovação com responsabilidade social e ética profissional. A colaboração entre diferentes setores - incluindo governo, indústria, academia e sociedade civil - é fundamental para garantir que os avanços tecnológicos em saúde sejam aproveitados plenamente em benefício de todos os indivíduos.

**18.2 A importância da defesa dos direitos à saúde para o futuro** A defesa dos direitos à saúde é fundamental para garantir um futuro saudável e equitativo para todos os indivíduos. Ao longo deste guia, exploramos como a evolução tecnológica na área da saúde está transformando a maneira como os serviços médicos são prestados e acessados. No entanto, é crucial lembrar que, juntamente com esses avanços, 77 devemos priorizar a proteção dos direitos fundamentais de cada pessoa em relação à sua saúde.

Os direitos à saúde incluem o acesso igualitário aos cuidados médicos, a privacidade dos dados pessoais de saúde, a segurança cibernética das informações médicas e a garantia de que as inovações tecnológicas não excluam grupos vulneráveis da sociedade. Defender esses direitos significa promover uma abordagem ética e responsável no desenvolvimento e implementação de novas tecnologias na área da saúde.

Além disso, a defesa dos direitos à saúde também envolve a criação de políticas públicas eficazes que garantam o acesso universal aos serviços médicos de qualidade. Isso requer um esforço conjunto entre governos, organizações internacionais, profissionais de saúde e sociedade civil para garantir que ninguém seja deixado para trás no avanço da medicina

digital.

No contexto atual de rápida transformação digital na área da saúde, é essencial manter um foco constante na defesa dos direitos à saúde como uma prioridade central.

Somente ao garantir que todos tenham acesso equitativo aos benefícios da revolução digital podemos construir um futuro onde a tecnologia melhore verdadeiramente a qualidade de vida e bemestar de todas as pessoas.

**O Poder do Conhecimento: Por que as Famílias de Autistas Devem Saber e Buscar Seus Direitos**

No intrincado universo do autismo, as famílias assumem um papel fundamental na jornada de seus filhos. Guiadas pelo amor e pela dedicação, enfrentam desafios diários na busca por um futuro promissor para seus pequenos. Entre as ferramentas mais valiosas que possuem, está o conhecimento dos seus direitos.

78

**Empoderando Famílias Através do Conhecimento:**

• **Acesso a Serviços Essenciais:** Saber os direitos garante o acesso a serviços essenciais como diagnóstico precoce, terapias, acompanhamento psicológico, educação especializada e suporte social. Esses serviços são cruciais para o desenvolvimento pleno e a qualidade de vida dos indivíduos com autismo.

• **Enfrentamento à Discriminação:** O conhecimento dos direitos é um escudo contra a discriminação. Munidas de informações, as famílias podem defender seus filhos com mais segurança e assertividade em diversos ambientes, como escolas, planos de saúde e locais públicos.

• **Tomada de Decisões Conscientes:** Com o conhecimento em mãos, as famílias podem tomar decisões conscientes sobre o futuro de seus filhos, participando ativamente de seu plano de tratamento, educação e projetos de vida.

• **Apoio Mútuo e Redes de Contato:** O conhecimento abre portas para a comunidade. Através da busca por seus direitos, as famílias se conectam com outras famílias e organizações que compartilham suas experiências e oferecem apoio mútuo, criando redes de solidariedade e força.

**Desvendando os Direitos Garantidos:**

A legislação brasileira garante diversos direitos às pessoas com autismo e suas famílias. Entre os principais, podemos destacar:

• **Lei Berenice Piana (Lei 12.764/2012):** Estabelece a Política Nacional de Proteção dos Direitos da Pessoa com Transtorno do Espectro Autista, assegurando acesso a diagnóstico, acompanhamento, terapias, educação e outros serviços essenciais.

• **Estatuto da Pessoa com Deficiência (Lei 13.146/2015):** Promove a inclusão social das pessoas com deficiência, garantindo seus direitos à igualdade de oportunidades, acessibilidade, participação na vida comunitária e combate à discriminação.

• **Plano Nacional de Educação (Lei 13.005/2014):** Assegura a educação inclusiva para alunos com deficiência, garantindo matrícula em escolas regulares, adaptação curricular, suporte pedagógico e acessibilidade física e pedagógica.

**Buscando Apoio e Orientação:**

A jornada por seus direitos não precisa ser solitária. Diversas entidades e órgãos públicos oferecem apoio e orientação às famílias de autistas:

• **Conselho Nacional dos Direitos da Pessoa com Deficiência (CONAD):** Órgão federal responsável pela formulação e implementação de políticas públicas para a pessoa com deficiência. Oferece serviços de informação, orientação jurídica e acompanhamento de denúncias.

• **Ministério da Educação:** Através da Secretaria de Educação Especial, promove a educação inclusiva e oferece suporte às escolas na oferta de um ensino de qualidade para alunos com autismo.

• **Secretarias Estaduais e Municipais de Saúde:** Responsáveis pela oferta de serviços de saúde especializados para pessoas com autismo, como diagnóstico, acompanhamento psicológico e terapias.

• **Associações de Pais e Amigos de Autistas:** Presentes em diversas cidades brasileiras, oferecem apoio às famílias, grupos de apoio, palestras informativas e assessoria jurídica.

**Conclusão:**

O conhecimento dos direitos é a chave para que as famílias de autistas abram portas para um futuro mais promissor. Através da informação, empoderam-se para garantir o acesso aos serviços essenciais, defender seus filhos da discriminação, tomar decisões conscientes e construir uma rede de apoio sólida. Buscar seus direitos é um ato de amor e um passo fundamental na construção de uma sociedade mais justa e inclusiva para todos.

**Uma Jornada de Luta e Esperança**

Ao longo desta jornada, exploramos o universo complexo da saúde dos autistas e portadores de doenças raras. Desvendamos as nuances do transtorno do espectro autista, a diversidade das doenças raras e os desafios enfrentados por essas comunidades.

Enfatizamos a importância do diagnóstico precoce e do acompanhamento multiprofissional, pilares para o desenvolvimento pleno e a qualidade de vida dos indivíduos. Destacamos a necessidade de políticas públicas eficazes e de um sistema de saúde que acolha e atenda às demandas específicas dessa população.

Abordamos a temática dos direitos dos autistas e portadores de doenças raras, esclarecendo seus direitos garantidos por lei e as ferramentas disponíveis para reivindicá-los. Discutimos as ações cabíveis contra o Estado e os planos de saúde em casos de negligência ou descumprimento da legislação.

Ao longo do caminho, celebramos as conquistas e avanços conquistados, reconhecendo o trabalho incansável de famílias, associações e profissionais dedicados à causa. Ressaltamos a importância da união e da mobilização social para garantir os direitos e o bem-estar da comunidade.

Mas a jornada não termina aqui. É apenas o início de uma nova fase, marcada pela luta por um futuro mais justo e inclusivo para todos. É um futuro onde o autismo e as doenças raras não sejam barreiras para o desenvolvimento, mas sim características que enriquecem a diversidade humana.

**Um futuro onde:**

• O diagnóstico precoce seja acessível a todos, independentemente de classe social ou localização geográfica.

• O acompanhamento multiprofissional seja um direito garantido, com profissionais qualificados e equipes multidisciplinares trabalhando em conjunto.

81

• As políticas públicas atendam às necessidades específicas da comunidade autista e das pessoas com doenças raras, promovendo a inclusão social e a autonomia individual.

- Os direitos dos autistas e portadores de doenças raras sejam respeitados e defendidos, com acesso à justiça e mecanismos eficazes para reivindicar seus direitos.

- A pesquisa científica avance, buscando novos métodos de diagnóstico, tratamento e cura para as doenças raras.

- A sociedade seja mais tolerante e acolhedora, reconhecendo a diversidade e a neurodiversidade como valores a serem celebrados.

**É um futuro que exige:**

- Engajamento contínuo da comunidade autista e das pessoas com doenças raras, na luta por seus direitos e na construção de um futuro melhor.

- Conscientização da sociedade sobre o autismo e as doenças raras, combatendo o preconceito e a discriminação.

- Investimento em pesquisa científica e desenvolvimento de novas tecnologias para auxiliar no diagnóstico, tratamento e acompanhamento das pessoas com autismo e doenças raras.

- Compromisso do poder público com a implementação de políticas públicas eficazes e com a garantia dos direitos dos autistas e portadores de doenças raras.

**É um futuro que podemos construir juntos, com esperança, perseverança e a crença de que um mundo mais justo e inclusivo é possível.**

**Lembre-se:**

- Você não está sozinho. Existe uma comunidade que te apoia e luta por seus direitos.

- Você tem o direito de receber um diagnóstico precoce e acompanhamento multiprofissional adequado.

• Você tem o direito de ter acesso à educação, saúde, trabalho e lazer.

• Você tem o direito de ser respeitado e tratado com dignidade.

83

**Lute pelos seus direitos e contribua para a Construção de um futuro melhor para todos!**

**Juntos, podemos fazer a diferença!**

84

*Minibibliografia*

**Rafael Vitorino, cristão,** *é um advogado autista diagnosticado tardiamente,*

**atuante como Diretor da Escola Superior da Ordem dos Advogados de Niterói e Vice-**

**Presidente do Instituto Nacional de Direitos da Pessoa com Deficiência Oceano Azul.**

**Ele se destaca como um dos autores de Ações Civis Públicas contra Planos de Saúde**

*em âmbito Federal, beneficiando mais de 100.000 pacientes autistas, grávidas, pessoas*

*com câncer e doenças raras. Além disso, é Delegado da Comissão Especial do Autista e*

*Familiar da OAB de Niterói, ex audtor fiscal do Municipio de Japeri, contribuiu para*

*a elaboração da Cartilha de Direitos dos Autistas da Ordem dos Advogados do Rio de*

*Janeiro em insenções em Direito Tributário.*

**Rafael Vitorino** *também é colunista do Jornal Circuito Aberto News e autor*

*dos livros "Direito Tributário para Autistas", "Autismo em Família", "Autismo em*

*Dobro" e "Do Invisível ao Invencível". Como pai de Benjamin, um filho autista de 5*

*anos, ele se torna uma figura inspiradora. Sua dedicação e amor não apenas à família,*

*mas à causa do autismo, o colocam como exemplo para outras famílias que enfrentam*

*desafios semelhantes. Sua força, perseverança e otimismo mostram claramente que,*

*com amor, apoio e conhecimento, é possível superar obstáculos e construir um futuro*

*mais inclusivo e positivo para as pessoas com autismo.*

85

# Document Outline

Introdução aos Direitos à Saúde ..................................................... 1
1.1 Visão geral dos direitos à saúde para autistas e doenças raras ..... 1
para Autistas E Doenças Raras ...................................................... 1
1.2 Importância da conscientização sobre autismo e doenças raras ... 6
1.3 Necessidades específicas de autistas e portadores de doenças raras no sistema de saúde ............................................................. 11
2.1 Principais leis relacionadas aos direitos à saúde ..................... 15
2.2 Modelos de ações judiciais para enfrentar desafios com planos de saúde ................................................................................... 19
Modelo Básico de Ação Judicial para Obrigar Plano de Saúde a Cobertura de Tratamento para Autismo com Pedido de Liminar ..... 21
2.3 Estratégias eficazes para garantir os direitos à saúde ............... 26
3.1 Direitos relacionados à cobertura de tratamentos médicos ........ 30
e Serviços Essenciais ............................................................... 30
Cobertura de Tratamentos, Terapias ............................................ 30
3 ........................................................................................... 30
3.2 Questões relacionadas à cobertura de terapias complementares e alternativas ........................................................................... 32
4.1 Estudos de casos reais envolvendo autistas e portadores de doenças raras ........................................................................... 37
4.2 Jurisprudências relevantes para embasar ações judiciais .......... 39
A Importância da Jurisprudência na Defesa dos Direitos de Autistas e Portadores de Doenças Raras ................................................. 41
4.3 Dicas úteis para lidar com situações adversas no sistema de saúde ..................................................................................... 43
5.1 Orientações práticas para lidar com burocracias e obstáculos no sistema de saúde ..................................................................... 49
5.2 A importância da assistência jurídica especializada .................. 52
6.1 Entendendo o conceito e a aplicação das liminares em casos de urgência médica ...................................................................... 56
7.1 Lei nº 8.080/90 - Lei Orgânica da Saúde ................................. 60
7.2 Lei nº 9.656/98 - Lei dos Planos de Saúde .............................. 69
7.3 Lei nº 12.527/11 - Lei de Acessibilidade .................................. 71
8.1 Como lidar com a negativa de cobertura por parte dos planos de saúde ..................................................................................... 73
8.2 Estratégias para superar obstáculos burocráticos ..................... 75

8.3 A importância da documentação e do registro de eventos ......... 77
9.1 A importância da conscientização sobre autismo e doenças raras ......................................................................................................... 81
9.2 O papel da sociedade civil na defesa dos direitos à saúde .......... 83
Instituições e Associações Civis: Pilar Fundamental na Luta contra Ilícitos de Planos de Saúde ................................................................ 87
9.3 Estratégias para promover a inclusão e a acessibilidade no sistema de saúde ................................................................................. 93
10.1 Recapitulando os principais pontos do guia ............................. 97
10.2 A importância da defesa dos direitos à saúde ........................... 99
10.3 Perspectivas futuras para a defesa dos direitos à saúde .......... 101
11.1 Modelo de carta para solicitar revisão de decisões negativas 105
Anexos ............................................................................................... 105
11 ........................................................................................................ 105
11.2 Modelo de petição para ação judicial ....................................... 107
11.3 Lista de recursos disponíveis para auxiliar na defesa dos direitos à saúde ................................................................................. 117
12.1 Termos técnicos relacionados à saúde ..................................... 121
12.2 Termos jurídicos relacionados à defesa dos direitos à saúde . 123
Legislação e jurisprudência relacionadas à defesa dos direitos à saúde ................................................................................................... 127
14.1 Índice de termos e conceitos importantes ............................... 130
15.1 Entrevistas com especialistas em saúde e direito ................... 132
15.2 Casos de sucesso em que os direitos à saúde foram defendidos ............................................................................................................. 134
16.1 Comparação entre as legislações de saúde em diferentes países ............................................................................................................. 139
16.2 Estratégias para promover a defesa dos direitos à saúde em outros países ..................................................................................... 143
17.1 Avanços tecnológicos em saúde e seu impacto nos direitos à saúde ................................................................................................... 145
Novas Tendências e Desenvolvimentos em ................................... 145
17 ........................................................................................................ 145
17.2 Novas legislações e regulamentações em saúde e direito ....... 147
18.1 Recapitulando os principais pontos do guia ........................... 151
18.2 A importância da defesa dos direitos à saúde para o futuro ... 153
O Poder do Conhecimento: Por que as Famílias de Autistas Devem Saber e Buscar Seus Direitos ......................................................... 155
Uma Jornada de Luta e Esperança ................................................ 161

Rafael Vitorino também é colunista do Jornal Circuito Aberto News e autor dos livros .................................................................................. 167
Rafael Vitorino, cristão, é um advogado autista diagnosticado tardiamente, atuante como Diretor da Escola Superior da Ordem dos Advogados de Niterói e Vice-Presidente do Instituto Nacional de Direitos da Pessoa com Deficiência Oceano Azul. Ele se dest... ..167
Minibibliografia .................................................................................. 167

- 
- 
  - 
  - 
  - 
  - 
  - 
  - 
    - 
- 
- 
- 
  - 
  - 
  - 
  - 
  - 
  - 
  - 
  - 
  - 
  - 
  - 
  - 
  - 
  - 
  - 
  - 
  - 
  -

- ○
  - ○
  - ○
  - ○
- ●
- ●
  - ○
  - ○
  - ○
  - ○
  - ○
  - ○
  - ○
  - ○
  - ○
  - ○
  - ○
  - ○
  - ○
    - ■
    - ■
    - ■
    - ■
  - ○
  - ○
    - ■
    - ■
    - ■

www.ingramcontent.com/pod-product-compliance
Lightning Source LLC
Chambersburg PA
CBHW071159240526
45470CB00017B/381